U0060242

塔羅雞湯

與大阿爾克那的對話

陳玉萍——著

目錄

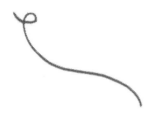

前言

　　這不是一本教導塔羅占卜的書，是一本自我療癒的書。以個人人生經驗，加上學習塔羅牌過程中所得到的靈感完成此書。

　　決定走入身心靈領域，不管日後是否成為靈性工作者，目前我想做的第一件事是自我療癒，自己療癒自己內心的創傷，有辦法自我療癒，才有能力去療癒他人。人的一生是一連串事件的集合，在經歷這些事件的過程，會產生許多的負面情緒，痛苦、傷害、過失、錯誤、悔恨、害怕、恐懼……等，這些負能量是我們的功課，也是自我成長的關鍵點，很難過關、也很辛苦，如何處理與解決，跟智商高低無關，與個人對生命的領悟、理解還有機運相關。

　　塔羅牌是協助我清理負能量的工具之一，療癒工具很多，塔羅牌能成為我第一個應用的工具絕非偶然，它簡單、易學、看圖說故事、以直覺解牌，不用具備特殊能力，只要學會相信自己。

　　打開塔羅牌，從中抽出一張卡，看著它跟它對話，相信它所帶來的訊息，思考這些訊息的涵義，你會發現，有些早已遺忘的記憶會突然被喚醒，或忽然之間領悟以往所不解的事，進而找到答案，用來解決當前所遇到的問題，這不是難事，也不是奇蹟，這本書就是這樣產生的。

　　看完書，試著給自己一個機會，想著一個問題，閉著眼睛、靜下心來，抽張牌卡，自己解牌，勇敢出聲跟牌卡說話，同時打開內心，去跟自己對話。

塔羅 0　愚人
初始、新生、夢想、冒險

第一篇，初章。

2022 年某天，看著眼前的電腦，突然有一股想寫東西的念頭從腦袋裡跑出來，腦袋裡有些東西想表達，立刻在某個平台開設專區，專區設好，卻不知要怎麼寫，把手放在鍵盤上，隨意打些字，打著、打著，腦中出現「塔羅、愚人、初生」這幾個字，把這幾個字打出來後，又出現一些字，再將這些字打出來，一邊打字、一邊猜想，這是要我以塔羅牌來寫故事的意思嗎？

我是在網路上購買塔羅牌課程自學，購買動機就只是看老師順眼而已，剛開始也不知道

　　自己到底喜不喜歡、有沒有興趣，只買了大阿爾克那（大牌），線上課程一下子就看完，有看沒懂也沒什麼感覺，有些焦慮不知道接下來要怎辦，只能放著，處於擱置狀態。

　　也不知道放了多久，直到腦中出現指引，要我以塔羅牌來寫故事，接到這樣的指引很猶豫，到底要不要去相信腦海裡出現的訊息。選擇相信、真的去做，就必須寫出 22 則故事，平常沒有寫文章的習慣，一想到這個數量就很害怕、想退縮，不相信自己有能力做得到，腦袋一直在自我懷疑、想放棄、不想找自己的麻煩，遲遲不願意去行動。

　　關於愚人牌，腦中除了前述那些字，沒有出現任何故事，也不知道要寫什麼，第一版愚人牌內容簡短，當個開場而已，直到寫完塔羅 21 世界牌，愚人牌又重新出現在我腦中，我才知道整個大阿爾克那是個循環，我選擇相信指

引，確實行動完成 22 則故事，故事寫完，這個階段工作完成，我知道我即將進入下一個階段，再次開始。

愚人牌，塔羅 0 號第一張牌，一切事物的開始，很多書都會寫到的文字，字面的意思很簡單，剛開始我也以為我懂，不就是代表開始，像愚人一樣踏著輕快的步伐，帶著自己的包袱去冒險，基本上是張好牌，一開始學到的牌義是這樣，但當我從塔羅 21 世界牌，再次回到塔羅 0 愚人牌時，我才對這張牌有了真正的理解，要解愚人牌必須先問自己，對自己心中所想之事有沒有努力、有沒有實際去行動，如果有，那恭喜！愚人牌的出現代表自己的努力有了成果，很圓滿！可以帶著這分成果、帶著這分寶貴的經驗繼續向前，往更高層的目標邁進，愚人牌是成果的累積、是「結束」後的「開始」。

塔羅 0　愚人
初始、新生、夢想、冒險

　　塔羅 0 愚人牌是初始、是新生，是夢想的開端，也是行動、冒險的開始。愚人牌要告訴我，不要對未知感到害怕，不要被過往的經驗所束縛、勇敢一點、不要想太多，想的愈多就愈不敢行動，有時候就是要愚笨一點、天真一點、隨性一點，相信自己！未來難以掌握，也不必去掌握，不是一定要抬頭，看著那未知的前方，也可以低頭看著腳下，專注當下腳步，一步一步的走，每一個步伐都是自己過往經驗的累積，每踏出一步，離成功就靠近一步，學習愚人，大膽往自己的夢想前行。

塔羅 1　魔術師
成長、創新、行動力

　　我在農村出生，我的家族在當地建立一個莊園，莊園內都是自家人，莊園外都是自家的農地。

　　家族內的小孩很少，所有親戚都認識我，小時候我到處串門子、到處玩，玩到晚上不回家，家人都不會擔心、也不怕我餓肚子，肚子餓！只要隨便找戶人家走進去，就有人會請我吃飯。

　　我每天都很忙，忙到田裡抓青蛙、到河裡抓蝌蚪、到雞籠拔雞毛、到豬圈裡追豬、到牛舍看牛，太多事要做，每天早出晚歸忙的很！

　　大人忙農務沒空管我，我就到處去探險，

記得有一次跑到莊園外，看到香蕉田裡很多大洞，不知死活的我二話不說就往洞裡跳，這一跳，卡住！深陷在洞裡爬不出來，困在洞裡也不會緊張，反而覺得很好玩，知道一定有人會來救我，只要等就好，等著、等著，等到睡著，等到太陽快下山才等到人來，所有人都以為我是不小心跌下去，救我上來後還一直安慰我，怕我嚇到，我緊閉嘴，怎樣也不敢說是自己跳下去的。

稻米收割時期是大人最忙的時候，我同樣也很忙，整個農田都是我的遊樂場，田裡青蛙很多，又大又肥非常好吃，每天釣幾隻回家煮湯，很甜的！

田邊灌溉渠道裡蝌蚪非常多，常常下水去抓，玩到雙腿都被蚊蟲叮成紅豆冰，小腿都是抓傷的傷口，媽媽看不下去，每天早上把我壓在椅子上擦藥，限制我藥水沒乾不准出門，媽

媽一轉身，立刻拿扇子把藥水扇乾，出門玩樂去。

　　家族裡最大的長輩是爺爺的媽媽，我叫她阿祖，阿祖自己一個人住在莊園中心的屋子，離我家很近，從後門走幾步就到了，阿祖很疼我，我常跑到阿祖那邊跟阿祖一起睡覺，我是破壞王，每次去阿祖房間，就把阿祖的東西全部拿出來玩，整個房間被我弄得亂七八糟，看到喜歡的就叫阿祖給我，阿祖從不拒絕，家人常送水果與零食給阿祖吃，阿祖會把東西放在抽屜，看到我就拿出來給我。

　　阿祖那邊也是我的避風港，記得當弟弟還是個小嬰兒時，有天不小心把弟弟從床上推下去，弟弟的手掌整個按在蚊香鐵盤內，鐵盤上的尖刺全部插入弟弟細嫩的手掌，血當場噴發出來，大人們一陣兵慌馬亂，而我就趁亂跑掉，不知要跑到那去、也不敢回家，知道回家後下

場會很慘，這時正好晃到阿祖房間，立刻跑進去找阿祖，阿祖知道我闖禍也沒罵我，要我待在她的房間，她去我家看看，之後阿祖回來跟我說，弟弟的手已經去醫院包紮，要我不要怕，她會帶我回家。阿祖帶我回家後，就跟家人說我已經知道錯，要家人不要罵我、也不要打我，阿祖也跟我說，如果被家人打就去找她，這件事就這樣過去了，我沒挨罵更沒被打。

　　家族莊園以阿祖屋子為中心，前方是家族祠堂，每到特殊節日，族人會全部集合在一起拜拜，非常熱鬧！我會在一旁看各家準備的東西，看到喜歡的，拜拜結束就去那戶人家，他們就會把東西給我。祠堂四周有三大塊曬稻場，每到曬稻期間，黃澄澄的稻子圍在莊園裡非常漂亮，空氣中飄著稻的味道，很香！曬稻場外圍是五個家族的房子，房子後面是圍牆，圍牆外是各家的農地。

　　我們家族種稻、收割、曬稻、打穀一手包辦，非常喜歡、也很懷念那時候的農村生活，家族很多人住在一起，熱熱鬧鬧、自由自在、無拘無束，直到小學二年級搬到都市，我的童年宣告結束。

　　隨著時間，這段記憶已經被我遺忘，2022年，有機會學習觀看內在小孩課程時，這位野小孩的形象再次出現，我才記起，原來我還有這段無煩惱、隨心所欲、無所畏懼的時光。

　　魔術師，塔羅 1 號牌，代表著成長、創新與行動力，這張牌讓我憶起我的童年，七歲前的生活，超強的行動力、用不完的精力，每天只想著怎麼玩、去那玩，沒有煩惱、沒有恐懼。魔術師要告訴我，記起我是主角，要我「以我為中心」，我可以依照自己的想法去行事，勇敢去創造自己想要的東西，開創自己的未來。

　　第二次再看這則故事時，我才瞭解為什麼

魔術師這張牌會出現我的童年，我的人生到目前為止，只有童年最自由、最快樂。童年時期我一個人玩、到處闖、到處探險，天不怕地不怕，跌到洞裡，爬出來就好，沒什麼！受傷，擦藥就好，沒什麼！看到河流，跳過去就好，沒什麼！看到山坡，爬過去就好，沒什麼！什麼都沒什麼。長大後的我，被現實環境教育的愈來愈退縮、愈來愈怕事，什麼都擔心、什麼都害怕，沒了自我，我把自己藏起來，不敢在人群裡出頭、不敢冒險、不敢行動，只敢在熟悉、舒服的地方生活，自願成了井底的青蛙，守著一小塊地方就滿足。魔術師喚出童年的我，讓我憶起童年、讓我知道我不是一位膽小的人，要我相信自己內在的力量，無畏懼的去行動——有如童年的我。

塔羅 2　女祭司
往內看、心靈追尋

　　我從小不怕黑，不怕一個人獨處，在農村，我一個人自己玩。小時候我很遲鈍，對外界沒有太多感覺，不懂大人世界的紛爭，我只活在自己的世界裡。

　　國二下學期終於開竅，看懂課本上的內容，知道怎麼念書、怎麼與人溝通。再長大一點，發現自己對某些事情的發生會有很強烈的感覺，這點對我幫助很大，讓我可以很從容的過日子，對未來不需要太過擔心，之後又發覺自己能察覺到他人情緒的變化，這樣的能力也很好用，讓自己避開某些危險事件。

　　結婚後，感覺到自己的預感與察覺能力全

部消失，眼睛好像被蒙起來，那時過得幸福快樂，對這些能力的消失不是很在意，誰知這是靈魂暗夜的前兆，之後歷經五年的靈魂暗夜，靠自己爬出，重塑內心。2021 年再次經歷靈魂暗夜，內心再次陷入黑暗中，2022 年遇到契機，終於讓靈魂覺醒，瞭解過去、也看清未來。

現在的我，學會換角度看事情、改變過去一些固執的想法，想法變、行為模式就會跟著變；行為變、習慣就會變。想法、行為與習慣改變，人生就會跟著轉變，瞭解自己為什麼生活在這裡、喜歡什麼、討厭什麼、追求什麼、選擇什麼、要活成什麼樣的人，任何事由「我」決定、任何事由「我」出發，以「我」為中心並非自私，而是瞭解自己的內心、知道自己的需求、做自己想做的事、不被外在影響、不被世俗眼光綁架。

女祭司是張靈性牌，往內看、追尋心靈上

的成長。看著女祭司牌，同時也看進自己的內
心，往內心走去、仔細傾聽自己內在的聲音、
仔細察覺自己內心真正的想法，不再躲藏，勇
敢面對真實的自己，喜愛自己不完美之處，坦
然面對內心的黑暗與恐懼。所謂心靈追尋，我
所追的，只不過是順心，順應自己的內心，讓
自己開心，如此而己。

塔羅 3　皇后
愛與包容

　　媽媽跟我差二十二歲，傳統婦女，堅信嫁雞隨雞，以夫為主，堅強又頑固。

　　媽媽嫁的人也就是我爸爸，是家族人口中的敗家子，吃喝嫖賭除喝之外樣樣會，家暴更是家常便飯。

　　常聽到他們晚上打的激烈，連菜刀都出動，隔日，照常吃飯生活，彷彿昨晚的戰爭只是一場夢而已。

　　媽媽臉上三天兩頭掛彩，連奶奶都看不下去要媽媽離婚，媽媽說為了孩子她不會離婚，而且爸爸也沒有很壞，總有一天會變好，我很佩服媽媽那股堅強的信念。

　　小時候因爸爸關係一直搬家，不管住在多爛的地方，媽媽總是配合著，最後甚至決定離鄉背井搬到陌生都市，媽媽也沒有任何怨言，就是跟著。

　　剛搬到都市是租房子，全家擠在一個小房間內，客廳、廁所、廚房都與其他房客共用。之後又搬到老公寓頂樓加蓋的房子，每到雨天，外面下雨，家裡牆壁就會生出一顆一顆水珠，房子內都是水，可以在家裡玩水，很好玩！之後又搬到鬧鬼的房子，媽媽半夜常被嚇到，媽媽覺得這樣不行，不顧爸爸反對，向親戚借錢，自己去看房子、買房子，有了自己的房子，總算安定不再飄蕩，我真的很感謝媽媽為我們建立一個家。

　　媽媽是傳統婦女，對丈夫、對孩子有強烈的責任感，認為女人長大就是要結婚，從此以夫家為主，不管丈夫好壞、婆媳關係如何，都

不能離婚，對孩子也有強烈的掌控欲。

　　小時候在農村，身邊親人多，媽媽工作忙，白天我也忙，晚上我又自己睡，跟媽媽相處時間不多，對媽媽沒有太多印象，我不會依賴媽媽，更不會對媽媽撒嬌。搬到都市後，生活空間變小，媽媽整個注意力都放在孩子身上，我們所有的一切，媽媽都要掌控，媽媽教孩子的方式是以打罵為主，以前父母打孩子是正常的事，三不五時就可以聽到孩子的哭叫聲，我是第一個孩子，被媽媽打的最多。

　　總覺得跟媽媽之間沒有很親密的感覺，從小到大我的事都自己處理，不會主動跟媽媽說心事，記得在小學四年級時，有一天早上出門買早餐，被摩托車撞飛受傷，回到家，我一句話都沒跟媽媽提，身上的傷靠自己每天熱敷治療；為什麼不提，因為知道媽媽不會安慰我，反而會罵我為何不小心一點，也許這是媽媽表

示關心的方式，但這種方式也拉開了我跟媽媽的距離。

　　小時候不會念書，媽媽看到我的成績，通常是先打一頓，之後就會開始說：「誰誰誰考的怎樣，你怎麼考這樣、誰誰誰怎樣，你怎麼這樣」。簡言之，就是別人都好，我都不好。

　　上國中後，媽媽可能覺得我長大不能再打，就改用嘴巴教育，我是長大之後才知道言語暴力就個詞，媽媽的話與強勢的態度，有時比打更傷人。國中開始試著反抗媽媽，不想再按照媽媽的意思生活，跟媽媽起了很大的衝突，在媽媽強硬的控制下，我生活的很辛苦，思想也愈來愈負面，甚至起了結束生命的想法。

　　高職時，不再跟媽媽吵架，我改變但媽媽不改變，媽媽的話如劍一直刺著我的心，我變的不愛我自己、不愛任何東西，心中只有一股強大的恨意，我不知道如何處理這股強烈的負

面情緒，只能選擇以傷害自己的方式發洩，結束自己生命的念頭也愈來愈強烈。

　　到專科，總算長大成熟，知道如何跟媽媽相處，開始試著去瞭解媽媽，去依照媽媽的指示行事，事成很好，不適合就直接跟媽媽說，媽媽再加壓，不妥協就是不妥協，不會生氣、不會再跟媽媽吵架，媽媽暴跳如雷，我就平靜如水，到最後媽媽就會放棄。

　　媽媽對婚姻的觀念是以夫家為主，她也要我這樣做，我知道我結婚後沒有娘家可以依靠，生孩子，我自己處理，不會請媽媽幫我坐月子，更不會要媽媽幫我帶孩子，每次回娘家，我都只說好事與快樂的事，我知道媽媽不會是我的靠山，更不愛聽我訴苦，因為她的婚姻比我更苦，所以我不會拿自己的事去煩媽媽，我只要媽媽自己生活的快樂就好。

　　皇后牌是愛與包容，看到皇后牌，雖然腦

中出現了媽媽的故事，可是我始終無法將皇后
的形象套在媽媽身上。結婚前，媽媽是我最大
的痛苦來源，我被媽媽束縛著，我知道這不是
媽媽的錯，媽媽所做的一切都是為了家，為了
我好，是媽媽一個人支撐著我的原生家庭，沒
有媽媽，我就沒有家，因為瞭解，所以願意忍
受、願意去承受。隨著時間的流逝，我會長大，
媽媽也會老，有一天會永久的離開。現在媽媽
一人獨居，這種距離對我們反而是好的，現在
我知道，皇后牌出現媽媽的故事，是要告訴我，
趁現在還來得及，以愛與包容好好跟媽媽相
處，放下過往，珍惜剩餘不多的時間。

塔羅 4　國王
威嚴、保守、安穩、固執、安全感

　　我很愛算命，從小到大找過很多老師算命，只要講到爸爸，所有老師都會跟我說：「你跟你爸爸緣薄，要嘛！聚少離多、要嘛！你爸爸很早就離世」。

　　我在農村待到七歲，這七年間我對爸爸僅有二次印象，一次，我在外面玩準備回家，遠遠看到爸爸手上拿著椅子，瘋狂打著爺爺、奶奶跟媽媽，在遠處就能聽到大人叫著、哭著、喊著。另一次，我在家裡玩火，把枕頭燒了，家人們非常生氣，輪流罵我還準備打我，爸爸剛好從外面回來，所有大人一致向爸爸告狀，要爸爸好好修理我，我看著爸爸笑咪咪的走向

我，問我知不知道錯，我點著頭，旁邊的家人已經準備一堆工具要讓爸爸使用，結果爸爸挑了一支飯匙，在我手心打了二下就叫我出去玩，旁邊的家人沒想到爸爸這麼簡單放過我，一直叫爸爸再打，爸爸一個眼神過去，全部閉嘴。

　　爸爸是家族人口中的敗家子，唯一的職業是老闆，只想當老闆，沒有高學歷、沒有專門技術與經驗，只有錢，所以只能當老闆，做一行倒一行，一事無成，但有錢，還有一堆豬朋狗友捧著，迷上賭博，上了賭桌就下不來，下來就是回家要錢，要不到就開打，要不就失蹤，直到爺爺奶奶賣地還債後才會出現。

　　小時候到處搬家，是要讓爸爸遠離豬朋狗友，但每次都失敗，直到家裡的地賣光，只能離鄉背井搬到都市，到都市後，爸爸確實安定正常工作，那時才對爸爸有印象，但因小時候

跟爸爸相處時間實在太少，加上爸爸全身嚴肅的氣場，我們都不敢跟他太靠近，只要爸爸在家，全家氣氛就會很緊繃，不敢看電視，躲在房裡安安靜靜、講話也小小聲，直到爸爸出門才會活絡起來。

爸爸中年後，不知是有所覺悟還是其他原因，有一天他就說：「因為爺爺與奶奶年紀大、身體不好，他要把工作調回農村，方便照顧他們」，之後就自己一個人搬回農村，印證了算命老師的話，聚少離多。

爸爸是出名的火爆脾氣，完全按照自己意思行事，天不怕地不怕，誰都不放在眼裡，我們這種自小被教育要聽話、要守規矩的人，在社會打滾多年後，說實話，反而很希望能擁有爸爸那種強悍的個性。

爸爸會跟媽媽打架、吵架，對我！除了小時候那二下外，從沒打過我，也不會大聲跟我

說話，更不會管我做任何事，有時候被媽媽逼
的受不了，只好向爸爸求助，只有爸爸能改變
媽媽的決定並叫她放手、停手。

　　在記憶中，家族人都說爸爸是敗家子，說
爸爸很壞，連我也被洗腦，小時候的作文題目
「我的爸爸」，一開頭就寫「我爸爸很壞」，結
果被老師叫上台罵了一頓，說我家醜外揚又不
孝，我被罵的莫明其妙，不懂家人常掛在嘴上
的話，我為什麼不能寫出來。

　　我覺得爸爸是那種天生好命人，小時候有
爺爺跟奶奶寵著，花不完的錢，出事也有人幫
忙收尾，結婚後，家裡有媽媽撐著，老年生病，
又有媽媽照顧著，爸爸的一生都按照自己的意
思生活，辛苦的都是身邊的人，偏偏身邊的人
都願意對他付出，還感恩他。

　　爸爸已經走了五年多，現在媽媽一人獨
居，每次跟媽媽說話，媽媽的話題始終圍繞著

爸爸，談的是爸爸的好、爸爸帶她去那玩、爸爸帶她去吃什麼、這個爸爸愛吃、這個爸爸愛用，我從媽媽身上看到，愛與恨經過時間的洗禮與沖刷，恨會消失，愛卻會留存在記憶中。

國王牌，腦中出現的是爸爸的故事，爸爸的形象跟國王很像，嚴肅、固執、權威、難以改變、自我中心。我跟爸爸的距離很遙遠，也不熟悉，看到爸爸重病躺在病床上，我沒有感覺到難過，處理爸爸的後事，我沒有感到悲傷，看到爸爸化為一堆灰，從此深埋於地底，沒有流下一滴眼淚，我對爸爸的一切都很無感。爸爸離世後，常常會夢到爸爸回來看我，跟生前一樣來去匆匆，沒什麼感覺，某一天在午睡時，又夢到爸爸，這次很不一樣，看到爸爸坐在我家客廳專注看著電視，我知道我在作夢，也知道爸爸已往生，所以我很冷靜坐在一旁看著爸爸，很仔細看著爸爸，忽然想到，在爸爸生前

我好像從來沒有好好看過他，看著、看著，也許是夢裡昏黃的景色、也許是那溫暖又令人懷念的感覺，五年！爸爸離開已五年，沒想到還有機會這麼清楚的看到爸爸，眼淚在不知不覺中流了下來，我前半生很多苦難，都是爸爸間接造成的，我也從未感受過爸爸對我的愛，但我不曾怨恨過爸爸，反而很感謝爸爸從不管我，也不干涉我的人生，給我渴望的自由，這正是我所要的，我覺得這是最後一次，之後可能沒有機會再夢到爸爸，我向爸爸道謝，謝謝他成為我今生的爸爸——我心中的國王。

塔羅 5　教皇
學習、成長

　　我是年尾生，長的卻比同年齡的孩子高，家人只看到我的身高，不管我腦子的發展，不到七歲就急著讓我入小學。小學一、二年級，印象中都是在學校玩，根本沒有拿課本念書的記憶，大人們很忙，沒空管我功課，學校老師好像也沒有很嚴格，我在農村，上學是快樂無壓力的。

　　小學二年級結束，在毫無預警之下，家人強制將我帶離農村，轉入都市以成績為主的國小就讀。

　　開學第一天，我就見識到這所學校的嚴格，座位是以成績安排，第一排第一位是班上

第一名、第二位是第二名，而我是在最後一排
倒數第二位，在我後面是位智能障礙的同學。
班上同學為了爭奪寶座，競爭很激烈，同學之
間沒有友情可言，我一入學，就被貼上壞學生
的標籤。

　　我在學校沒有朋友，老師也只對前面幾排
學生上課，完全不會理會後面的學生懂或不
懂，考試考不好打人時，卻從來不會少打一下，
我是老師的出氣筒，打我從不手軟，到現在還
是無法理解，為什麼老師當時那麼討厭我，甚
至是怨恨我，期末老師寫在成績單上的評語，
我忘了文字，但意思是說「我是個蠢蛋，什麼
都不會，這輩子完了」。

　　一位親戚看到我的成績單笑的很開心，她
說：「生眼睛以來，沒看過這種成績，你們老師
的評語寫的真好。」，她笑的很開心，媽媽臉色
發青，而我則是無所謂，反而很高興又要轉學

33

了。這次是搬到下雨屋內會生水珠的房子，學校這次就正常，不以成績排座位，同學也友善，我終於有朋友。升上小學四年級，換了導師，我的成績依然很差，字又寫的奇醜無比，媽媽常在聯絡簿留言，要老師好好指導我，我不知道這樣的留言會激怒老師，老師在上課一直找我麻煩，每次都說我上課不專心，把我叫到講台前，要我蹲在講台前上課、寫作業，直到下課。

剛開始我真的以為是我的問題，一直在調整，想讓老師知道我有認真在上課，可是沒有用，依然每堂課都被罰，之後看到其他同學也被罰，才知道是聯絡簿的問題，其他同學被罰一次就結束，老師特別照顧我，讓我蹲到學期結束。

其實被罰我是無所謂，反而覺得好玩，最讓我受不了的是，這位老師有隨地吐痰的習

慣，上課講不到幾句話就吐口痰在地上，一節課下來，講台、老師位子旁、教室走道，全是她的痰，我們每天都要掃她的痰，甚至連操場、校園各處，只要是這位老師站著的地方都有痰，學校不准學生在校園亂丟垃圾，卻准許這位老師到處吐痰，全校沒有一位老師敢管，連校長也不管。

　　之後這位老師懷孕，肚子愈來愈大，穿起孕婦裝，這位老師的孕婦裝只有二套，樣式都一樣，淺色系又薄又透，夏天陽光照在她身上幾乎是透明，像只穿內衣跟內褲在上課，非常礙眼、又覺得噁心，沒有任何人跟這位老師提醒，任由老師像裸體一樣在校園裡行走。

　　教皇牌，跟成長與學習有關的牌卡，教皇牌讓我想起影響我很深的二位老師，尤其是第一位，在我被迫離鄉，一到人生地不熟的都市，馬上就遇到這位打人不手軟、罵人不嘴軟的老

師，讓我小小心靈受傷嚴重，從一位陽光愛玩的孩子，變成自卑、內向、膽小、沒有自信的孩子，老師對我的傷害，深深烙印在我的內心，成了永久的傷害，也讓我的求學過程變得辛苦又坎坷，小學三年級就已經被老師判定是不會念書的廢物，家人也認為我不是念書的料，要我高職畢業就去工作，我也被洗腦，認為自己不會念書，對自己完全沒有信心，每當我想往上爬時，都必須很努力去克服內心那股強烈的負面念頭，用盡全力去衝破內心的枷鎖，才有勇氣往前踏出一小步，高職畢業停了一年才考上二專，二專畢業停了五年才考上二技，近三十歲才取得大學文憑。

讀二技期間，是我求學生涯中最美好的時光，我知道這可能是最後一次，以學生身分走在校園，所以我把握每次上課時間、珍惜每場考試機會，二技的學業分數，是我求學生涯中

最好的成績，讀書帶給我很大的快樂，走在校園裡，給我一種很幸福的感覺，同時也發現自己非常熱愛學習，但很可惜，我沒有學以致用，沒機會將所學的知識運用出來。

　　以前念書都是為了別人，也為了爭一口氣，所以到大學畢業我停住了，不再往上。我在思考，我到底想學什麼，什麼東西是自己內心真正想學習的，我在找路，花十多年的時間找方向，這十年裡，我保持好奇，什麼都去嘗試、什麼都學，不為自己設限，只為找到內心真正想學習的東西，不怕辛苦、也不在乎時間與金錢，只要讓我找到，我願意用下半生所有的時間去學習與探索，學無止盡。

塔羅 6　戀人
被愛與祝福

　　二專畢業二十初頭，媽媽開始為我安排相親，請住在都市的親朋好友，幫忙介紹適合的對象，終於找到一位任職於某某政府機關的公務員，媽媽一聽是公務員，非常高興，要我立刻準備相親。

　　我才剛從學校畢業，根本沒想過結婚這件事，更不想相親，一口回絕，媽媽一聽，大怒！一連串難聽的話罵過來「你有什麼資格拒絕、為什麼不去，憑你！找得到好對象，人家是公務員耶！你是什麼東西，敢說不要……」。

　　之後每天問，不答應就罵，罵到最後跟我冷戰，我可以安靜幾天，氣消了、再問、不答

應、繼續罵、又冷戰、安靜、再問……，無限循環，我被磨的受不了，只好答應。

　　心不甘、情不願，抱著應付的心態去相親，相親對象條件真的很不錯，夠高、臉也帥、舉止斯文，媽媽全程笑的開懷，把對方祖宗八代都打聽清楚，而我全程保持沉默，完全處在狀況外，飯局結束立刻回家。

　　回到家，媽媽馬上問我覺得如何，還沒等我回答，就下令要我單獨跟他出去，我拒絕，可想而知後果是什麼。我已經答應去相親吃飯，不可能再妥協，這次不管媽媽怎麼逼迫，不妥協就是不妥協，我也不生氣平靜對待，任由媽媽一個人在那邊氣呼呼的，鬧了一段時間，最後媽媽問我，對那位相親對象到底有沒有感覺、要不要跟他結婚，我很確定說不要，媽媽就說她以後都不管我，她倒要看看，憑我這種條件要怎麼找對象。

　　媽媽真的說到做到，之後不再為我安排相親，也不管我要不要結婚，媽媽停手，換我公司內的婆婆、媽媽、阿姨們出手，把她們沒結婚的兒子、侄子、鄰居等等都介紹給我，還好她們只是介紹，不管後續，我只要去吃個飯，應付一下就好，相親次數多了，練出相親飯局的標準作業流程，有免費的飯吃，不再抗拒，從中找到樂趣，也認識了很多人，滿好玩的。

　　從二十歲吃到三十歲，十年時間，跟每位相親對象都只有一頓飯的緣分，吃完就結束，不拖泥帶水，我知道不可能在相親過程中找到結婚對象，我根本不相信一見鍾情這種事。

　　戀人牌，原本設定要寫跟老公相識、相戀的故事，一下筆，腦中出現的是第一位相親對象的故事，剛開始不明白原由，寫完後才瞭解，戀人牌不是指過去，是指現在的狀況。戀人牌，好牌、貴人牌，戀人牌在告訴我，因為我對愛

情的堅持、執著、不妥協與認清自我，被祝福
與有愛的愛情，才會發生在我身上。

塔羅 7　戰車
勞碌、奔波、競爭

　　二專畢業隔日就開始工作，媽媽早就請伯父幫我找好工作，在一家工廠當助理，其實就是打雜啦！

　　什麼都做，工作不難、離家近、每天準時上下班、薪資在基本工資之上、按時調薪，辦公室只有我跟老闆娘、很單純，如果不看工作環境，是個不錯的工作。

　　畢業後的同學會，同學問我在那工作，我都說跟微軟有關的公司，我們的產品確實跟微軟有關，但跟我無關，我只是個打雜的人，老闆娘要我做什麼就做什麼，有時在趕工，就整天做包裝工作，沒學到什麼，混日子而已。

　　剛從學校畢業，二十出頭，青春洋溢，卻在這間黑黑髒髒又氣氛沉悶的工廠耗時間，心中越想越覺得窩囊，心有不甘，決定自己去找工作。

　　第二份工作，離家裡非常遠，位在都市另外一邊，每天騎車來回要三小時，是個「水準很高」的單位，裡面的老闆都是博士級，有本土博士也有留學歸國博士，博士老闆們都很好相處。

　　這個單位對人員採自主管理，午休時間二小時，上下班不打卡、不管制，非常自由，我的工作內容取決於我所面對的老闆，我的工作運氣不好，別人只要面對一位老闆、一份工作，我卻要面對五位老闆、五份工作，這個單位薪資是依學歷給薪，不會調薪，也不看工作量與能力，我的工作量比別人多，薪水卻比別人少。

　　年末在趕工作時，只有一位老闆的同事，

工作早就完成，在一旁開起派對，歡樂的很！而我有五位老闆，工作量爆多，這些老闆平常很忙，都要等到時間快到才趕工，他們剪剪貼貼很快，我卻要一個字一個字打出來，打到手快斷掉還打不完，打到火氣上來，又看到別人在旁邊開心吃喝，心中突然感到委曲，在辦公室裡大哭起來，把我的老闆們嚇到，這個工作我簽約一年，時間到直接跟老闆說不續約，心中對這個單位感到厭惡又生氣，想著以後都不再來，立刻走人。

　　連著二份工作不順利，就跟媽媽說我要考公務員，暫時不找工作，準備去補習，但我不會念書，對考試根本沒信心，只是想利用考試來逃避工作。沒有工作、待在家裡，媽媽的嘴就啟動念個不停，念得我心浮氣躁，書讀不下去，也知道考不上了，只好放棄考試，開始找工作去，第三份工作跟我所學相關，這個工作

真是一言難盡。

　　面試的公司跟實際上班的公司不同，面試公司還有名氣，我是衝著這家公司去的，實際上班公司在旁邊，說是關係企業、同一位老闆，反正來了，就開始工作，第一天上班沒人理我，也沒人分配工作給我，我以為是第一天，誰知道接下來幾天都一樣。

　　我有同事，但同事互不聯絡、也不講話，大家都各做各的事，我也不知道他們在做什麼，上班時間無事可做，就隨便拿書看、隨便玩電腦，也沒人管我，心中覺得怪異，大約過了二、三個星期，當初面試我的人終於出現，我才知道他跑去當助選員，我們老闆要選舉，選上才有工作，落選我們可能都會失業，其他同事一樣都沒有工作，大家都是在做自己的事，而且幾乎是在同一時間進入這家公司，彼此都不熟。

　　選舉結束，老闆落選，面試我的人離職，不只他，很多人都離職了，我是覺得這家公司很怪，但又沒地方可去，只能繼續待下去。隔日，來了一位董事長，辦公室也從原來的地方往下搬一層，我的位置正對門口，公司又找新人進來，這次來了一位年紀比我小的妹妹，我終於有伴了。

　　董事長給我一項工作，看報紙、剪報紙，一天看十幾份報紙，就只有這項工作，我不懂這個工作的意義在那，之後公司又來了一位員工，我忘了她掛什麼職稱，反正她就要我協助她做財產盤點工作，她教我如何做財產盤點，之後才知道她是董事長的朋友，來兼職的，她看我做的不錯，問我薪資，一聽，嚇一跳！怎麼那麼少，她說會請董事長幫我調薪，我知道不可能調薪，心裡很感謝她，在這間公司，她是唯一一位讓我感到溫暖的人。

　　這間公司問題很多，當初面試的公司已經在裁員，有些人轉到我們這間公司做起電子商務，那時我才知道，我們辦公室往下搬遷、重新整理門面、做起財產盤點、我剪貼報紙，都是要吸引投資人來投資這間公司。為了賺錢，這間公司還經營奇奇怪怪的業務，遊走法律邊緣，真是大開我的眼界，這間公司愈走愈歪，為了賺錢無所不用，員工間鬥爭明顯又嚴重，董事長視而不見，任由員工鬥來鬥去，人員流動頻繁，有些員工為了在這間公司待下去、為了爬得更高、賺取更多金錢，可以昧著良心做事，讓我看到人性非常黑暗的一面，我在這間公司愈待心愈不舒服，決定離職。離職後才知道，我是下一位要被裁員的對象，還好我有先見之明，被裁員之前已經找到退路。

　　第三份工作離職，已經從二專畢業四年，差不多一年換一家公司，第一家公司單純平

穩，之後我沒有愈換愈好，反而愈換愈爛，薪資愈換愈低，我開始為未來感到焦慮，開始認真的思考要怎麼辦？我不想再為特定人付出自己的心力，完全不值得，這不是我要的，「我」不是這樣使用的！我知道自己的個性不愛出風頭、不會表達、不會爭取，也沒什麼專長與特色，這樣的人格特質在職場是吃虧、沒前途的，老闆只會給你一堆有的沒的工作，升遷與加薪是絕對輪不到，雖然不是很在乎金錢與地位，但我不要這樣浪費我的人生，之後決定要為前途賭一把，這時才想到，我有一項專長比別人厲害一點點，之前一直很排斥使用這項專長，現在沒辦法，走頭無路只能用了。

　　又回到第二個工作單位，當初那個讓我厭惡又生氣的地方，為了自己的將來，只能放下自尊與驕傲，去拜託老闆再讓我回去，清楚知道那個地方也不適合我，卻有助我跳到另一個

地方，這是當時所能想到最好的辦法，至今都沒有後悔當初所做的決定。

　　看到戰車牌，畢業後在職場上跌跌撞撞的情形就出現，一出校門，立刻往前衝、沒有停止，直到為我自己人生賭一把，我贏了！也停住，安逸太久，戰車牌在提醒我，該起來了，繼續往前走了。

塔羅 8　力量
才華、財富、發達

　　爸爸有位哥哥，也就是我伯父，他聰明、功課好，學校畢後就離開農村搬到都市，娶了有錢人家的女兒，開了一家店，擁有整棟的房子，有兒有女，孩子漂亮成績好，家庭幸福又有錢，是我們家族的驕傲與榮耀。

　　伯父不常回農村，只要一回來就是家中大事，家裡要大掃除，爺爺奶奶要準備很多東西，我們也要收拾物品讓出位置，伯父一家人回來，彷彿皇族回家省親，爺爺奶奶整天圍著、捧著，家族裡的親戚輪流晉見，媽媽也要跟著在一旁伺候。

　　我還滿喜歡伯父他們回來，除了家裡變得

熱鬧外，他們還會帶很多東西回來賞賜給我
們，尤其是伯母，她會把她女兒不要用的東西
拿回來送給我，我的第一支手錶就是她送的，
她說她女兒買了新的，舊的還能用，丟了可惜
就送我，拿到手錶，心裡很高興，終於有自己
的手錶了。

　　伯父一家人回農村會造成轟動，還有一個
原因，他們會帶遙控飛機回來試飛，伯父的飛
機是自己手工製造，當時少見，在農村更是新
奇，只要伯父預備在田裡試放飛機的消息傳
出，不管大人還是小孩，都會放下手邊的工作，
立刻跑到田邊觀看，隨著飛機啓動飛翔，全村
的人跟在伯父他們後面奔跑歡呼，像在追著明
星一樣，這時爺爺奶奶臉上，就會充滿著驕傲
的神情。

　　力量牌，這張牌浮現伯父的故事，從小就
常聽家族的長輩在談伯父的豐功偉業，我們家

一直壟罩在伯父的光環之下，形成強烈的對比，小時候我沒有什麼感覺，只是覺得奇怪，平常很疼我們的長輩，為什麼在伯父回來後就不理會我們，甚至在我們擋到伯父他們出入時，會口出惡言要我們趕快讓開，從小長輩的行為就在告訴我，我是笨的、我是不如人的、我是次等的，也許長輩們沒有惡意，我也以為當時自己年紀小不會在意，直到力量牌的出現，才讓我察覺到，其實自己心裡非常在意，所以才會一直很努力往上爬，想要重塑自己在長輩們心中的形象，想向家人證明我也是優秀的、我不是次等的。

這張力量牌很特殊，在我腦中呈現「逆位」狀態，小時候在家裡人的洗腦下，伯父一家給我一種上位者的感覺，高高在上、有錢有勢，相較之下，我們家顯得黯淡無光、貧窮又卑微，力量牌出現逆位是在提醒我，擺脫過住、打開

心胸、提升視角，不要讓過去負面的想法與情緒控制了自己，瞭解自己內在的能力，依靠自身的努力與天賦，也可以獲得自己想要的力量，現在我很感謝伯父他們，沒有他們的刺激，我可能只是那頭被馴服的獅子，不會想成為具有力量，可以馴服獅子的人。

塔羅9　隱者
孤獨、保守、內省、遠離

　　看著隱者牌想了半天，腦中沒浮現任何故事、沒有事件、沒有人物可以跟這張牌有所對應，原本想放棄跳過，突然之間出現訊息告訴我，隱者牌不是指過往、不是指未來、不是指別人，就是指現在當下的我。

　　剛搬到都市，天氣正要轉為冬季，陰陰冷冷的天空，與農村陽光明媚完全不同，有天下午要上課，媽媽出去買午餐還沒回來，心裡很著急，想著上學快要遲到，於是爬到鐵窗上，想看媽媽回來沒，這時我看到外面陰陰暗暗的天氣，鐵條一根一根在我眼前，回頭看屋內又小又黑，突然有種被關進牢籠的感覺，我覺得

我像隻鳥，被關進黑暗的空間，從此失去了陽光與自由。

　　個性轉變也是從農村搬到都市，在第一所學校遇到那位嚴厲的老師，將我幼小的心靈摧毀，讓我否定了自己，讓我覺得我就是愚笨、遲鈍、不被人喜歡、讓人討厭的孩子，加上爸爸不管我、媽媽不懂兒童心理不會關心我，對我只有打罵，我的心愈來愈退縮，產生強烈的自卑感，沒有自信。在學校不只成績差，更沒有專長，外表也不出色，只能把自己縮得很小很小，不讓人看見。

　　到都市後，一直搬家、轉學，沒有安定感，在學校沒朋友、在家裡也沒人跟我說話，只好把拖把當成是自己的朋友，我跟拖把玩，幫拖把綁辮子、對著拖把聊天，我可以跟拖把說話說很久，對人卻一句話也講不出來，在人群裡，我是無聲者、無意見者、無存在感，媽媽常說

我是啞巴，問話都不會答。

　　長大後，一直努力去改變個性上的缺點，讓自己往好的地方活著，朝有陽光的地方走去，終於讓自己擁有一個美滿的家庭，只是不管多麼努力，生活過得多幸福，心裡始終存有一種孤獨感，就是覺得很孤單，彷彿這世上只有我一人沒有同伴，這種孤獨感自小產生，沒有隨著時間消失，只是愈來愈習慣、愈來愈懂得享受孤獨，獨處讓我覺得自在與自由，不須配合任何人，完全隨心所欲，很舒服！喜歡自己與自己在一起的感覺。

　　隱者牌，一個人站在山巔遠離人群，在黑暗中生活，這張牌讓我感到熟悉，雖然牌面看起來孤單又冰冷，那盞燈卻讓我有溫暖的感覺，也似乎在指引我方向，隱者牌在告訴我，一個人雖然很好，有人可以分享也不錯，試著打開內心走入人群、試著去表達自己的想法、

說出內心真實的感受，不用隱藏、不要害怕，
相信自己可以找到適合的同伴、一起分享，共
創想要的生活，勇敢去嘗試、去體驗多彩的人
生，才不枉此生。

塔羅 10　命運之輪
轉動、突破、新機會

　　自小成績不好，姑姑曾預言我最多只能讀到高職，之後就會去工廠當女工，從小在大人們的洗腦下，也覺得自己只能讀到高職而已。之後，真如姑姑的預言讀了高職，畢業後覺得自己好像還沒長大，不想這樣就去工作，很想再念書，拜託媽媽再給我一年時間，讓我去補習考二專，沒考上就會去工作，怕媽媽不答應，還跟媽媽說，這一年不會只有補習，還是會去工作，媽媽答應我的請求。

　　當時二專的錄取率很低，我根本沒有信心一年後能考上，只是想為自己爭取一年可以念書的時間而已。

　　既然答應媽媽要半工半讀，就認真找工作，這時有同學介紹我去最高學府工作，一進入最高學府的校園，就被裡面的氣氛嚇到，覺得裡面的人都好優秀，我一個高職生在裡面很丟人，心中充斥著自卑感，每天只敢從旁邊的小門上下班，不敢從正門進入，在辦公室不敢跟人交談，怕顯示出自己的低俗，除了上廁所，不敢出辦公室，很怕在校園裡遇到有人叫我同學，問我上課教室在那裡。

　　有一天辦公室裡沒人，只剩我看家，大膽在辦公室裡走動，走到窗戶邊往外看了一下，看到一群大學生在操場上打球，青春洋溢、朝氣蓬勃、好陽光、好耀眼，他們年紀都比我大，卻能在操場上快樂的打球，我呢？我被關在這間小小的辦公室裡，只能從窗戶看著他們，愈看、心裡就愈羨慕，看得眼淚都不自覺流了下來，好想出去跟他們一樣在操場上奔跑，不想

被關在這裡。

　　這時心裡突然出現一個聲音：「你可以的，一年後你會重回校園，跟他們一樣在校園裡打球。」，一聽到這個聲音，莫名感動起來，當下立下決心要好好念書，不再胡思亂想，告訴自己，一定要重回校園！

　　跟最高學府的工作契約是三個月，期限一到不再續約，專心念書不再工作，也不去想能不能考上，念書就對了。

　　考完收到成績單，不知道考的如何，當時考試是集體填志願、當場分發，等到了填志願那天，獨自到指定學校報到，座位是按成績坐，原本想從二樓開始找座位，但我發現我的分數好像可以坐在一樓，就從一樓後面開始找位置，等找到我的位置抬頭一看，發現自己居然是在一樓前半部，分數在我後面的人一大堆，第一次意識到自己好像滿厲害的，雖然在我前

面的人不少，但在我後面的人更多。

　　如果想單純當學生，只能選擇都市日間部學校就讀，如果考上夜間部，媽媽一定會要我半工半讀，萬一考到外縣市去，住宿加上學費，花費太多，媽媽不會讓我去念，我能選擇的學校有限，進行分發時心裡很緊張，當確定被分發到都市日間部學校時，心裡一陣激動，流下眼淚，終於如願，重回校園。

　　命運之輪代表新機會降臨，是事情轉變的關鍵時刻，機會來到就必須行動，一定要行動，動起來才有機會轉動命運，翻轉現況。我遇過太多次命運之輪轉動的契機，有時一轉把我送到天堂，有時一轉把我送下地獄，風水輪流轉，不管上天堂或是下地獄，必須去相信，一切都是最好的安排。

塔羅 11　正義
理性判斷後的決定

　　爸爸從五十歲開始受到病痛折磨，至六十八歲劃下生命終點。

　　始於肺結核。

　　一得知是肺結核，爸爸立刻被醫院關進隔離病房，住院期間爸爸非常不配合，常常跟醫護人員大吵大鬧，被醫院列為不受歡迎且頭痛的人物，醫生、護士一提到爸爸就搖頭。

　　問爸爸為什麼不配合醫院的治療，爸爸說：「這間醫院不會醫啦，我會被醫死在這裡，要趕快轉院啦！」。

　　家人不相信爸爸的話，家人保守又尊敬醫生，反而要爸爸聽醫生的話，乖乖配合治療，

轉院是家人無法接受的事。爸爸知道沒人理他後，就開始絕食抗議，不轉院！就不接受治療，也不吃東西，醫院要家人處理爸爸情緒問題，爸爸這樣鬧，造成醫院很大的困擾。

　　家人沒辦法，只好去問爸爸到底想轉去那裡？爸爸說他要轉去台南，他要去那邊的醫院，台南距離我們這裡很遙遠，爸爸說的那間醫院我們也沒聽過，實在不知道為什麼堅持要去那間醫院。最後我們妥協，幫爸爸轉院，我們要轉院，院方不同意也不幫忙轉介，要我們自己處理，還要我們簽自行出院切結書，我們的行為跟醫院沒有任何關係。

　　一出院，立刻坐上救護車直奔台南，到達台南醫院已經是中午，門診空無一人，到櫃台詢問，護士小姐說上午門診時間已過，沒辦法再掛號，必須等到下午。

　　這時我看著媽媽，她坐在一旁，很累！已

經不想管了，再看著爸爸，他身體虛弱到無法
坐，直接躺在門診椅子上，而我！沒遇過這種
事，完全不知道要怎麼辦，只能像隻無頭蒼蠅
在醫院無目標、無方向到處亂晃。

　　就在我一籌莫展、完全無助的時候，我看
到櫃台有一位阿姨向我招手，走過去，阿姨小
聲跟我說，現在診間還有一位醫生在看診，要
我直接進去診間找醫生，如果醫生願意看診，
她馬上幫我掛號。

　　聽完，馬上衝入診間，那位醫生一臉錯愕，
看著我這位闖入者，沒等醫生問話，立刻拿出
爸爸的Ｘ光片給醫生，醫生接過去，認真看了
爸爸的Ｘ光片與病歷後跟我說：「你爸爸病的很
嚴重，我身為醫生的職責，不能再讓他出院，
我會立刻安排住院，你們馬上到住院區報到，
我會到住院區幫你們處理。」，在這位醫生的協
助下，爸爸很快住進隔離病房接受治療。

　　隔日，媽媽打電話跟我說，醫生幫爸爸檢查身體時，發現爸爸的肝指數破萬，已經到猛爆性肝炎階段，非常危險，這間醫院只能醫治肺部疾病，無法醫治爸爸這種多重疾病又病危的人，建議轉到大型教學醫院比較好。

　　媽媽直接跟醫生說，這家醫院是爸爸指定要來，不會再轉院，請醫生盡力就好，有什麼萬一不會怪醫生，醫生聽媽媽這樣講，也不再堅持轉院的事。

　　在這位醫生的治療下，爸爸肝指數不到幾天就回復到正常值，這裡的醫護人員都對爸爸很好，爸爸很喜歡這間醫院，爸爸在這間醫院住了大約三、四個月後康復出院。

　　爸爸非常信任這位醫生，醫生交待的回診時間，不管是一個月、三個月、一年還是三年，時間到準時回診，從沒看過爸爸那麼聽一個人的話，之後爸爸身體又出現其他問題，還會專

　　程到台南請教這位醫生，只要是這位醫生的建
議，爸爸都會聽，有時想，如果當初沒有轉院，
爸爸的生命是否會在五十歲就劃下句點。

　　正義牌，非常理性的牌卡，正義牌給我一
種冷硬、不講情面的感覺，看著正義牌，腦袋
卻出現那位像天使一樣很溫暖的醫生，與那位
給我一盞明燈的護士阿姨。正義牌也跟法律與
官司有關，法理不外乎人情，冰冷無情的牌卡，
卻出現溫暖的故事，在在提醒我，適時對需要
的人伸出援手，小小一個舉動，也是能拯救一
個人的生命。

塔羅 12　吊人
受苦、消極、被誤解、磨鍊

　　在塔羅 7 戰車牌的最後，提到我又回到第二個工作單位，當初那個讓我生氣離職的地方，明知不適合但為了未來，只能放下自尊與驕傲，低頭去拜託老闆再讓我回去。

　　回去後，換到不同樓層另一部門，新部門有我同學在，老闆們都知道，這次的運氣跟當初一樣好，一樣一打五，真是命運的安排，當年未過關的關卡，又再來一次，這次回去我是有目的、有目標，這些年也經歷了一些磨鍊，心性上平穩許多。

　　工作沒幾天，某天一早，突然被祕書叫去辦公室，祕書很嚴肅的告訴我，我的老闆們都

　　去跟她說，我工作很不認真，常常跑去跟同學聊天，再不改進就要把我辭退。

　　我被祕書罵的莫名其妙，從小被訓練當乖寶寶的我，工作都是戰戰兢兢、小心謹慎、不敢偷懶，更沒有在工作當中跑去找同學聊天，為什麼要這樣汙衊我，心裡不解也覺得委曲，如果是以前，馬上會進行辯解，要不然就是直接哭出來，現在心態不同，處事方式也不一樣，我冷靜思考為什麼老闆們要這樣說我，一想我就知道，又是老闆多的問題，有時 A 老闆要我幫他找資料，我會離開位置一段時間，B、C、D、E 老闆們看我不在位置上，只會想到我是去找同學聊天，從沒想過我是去其他地方工作。

　　這幾年的工作經驗，我養成一個習慣，離開位置，我會主動跟同事交待行蹤，或是在座位上留言說明去向，現在的辦公室只有我一人，沒有同事可以交待行蹤，只能在桌上留言，

可是我的老闆們都是開門看我不在，就直接關門離開，不會再走到我的位置，我的留言形同虛設，沒用！

知道原因後，我不想多跟祕書說明與解釋，只是很老實的跟祕書認錯，祕書看我態度良好，警告我一番就讓我離開，回到位置上，心裡非常、非常難過，被人誤解的感覺不好受，忍住眼淚，把這些難過、沮喪、難受的情緒統統收到心裡，很仔細的去品嘗這些情緒的滋味，這時，從心裡產生一股很大的憤怒感，我不把這股情緒往外宣洩，而是往內收進來化為我前進的力量，告訴自己，一定要努力離開這個地方，絕對不要再繼續待下去。

想清楚後，收起情緒，拿出一張很大的紙，貼在辦公室門口，A 老闆叫我離開座位去工作，我就把老闆名字、去那裡、時間多久，寫的清清楚楚，讓 B、C、D、E 老闆們知道，我

不在位置是去工作，不是去找人聊天，我只有一人，你們有五人，要使喚我請排隊，這招有效！之後祕書就沒再來找我。

我的工作量還是比其他人多，這次不再心裡不平衡，反而很高興，我就是需要這麼多的工作量來提升我的能力，心甘情願接受這些工作，不再抗拒，日子反而過得順心，心無旁騖專注工作、專心念書，往自己所訂的目標前進。

我之所以願意再回到這裡工作，是因為這個單位夠自由，工作內容又剛剛好是我迫切需要，還有一點，這個單位很尊重員工自身的生涯規劃，我白天有工作，晚上在補習準備考試，接近考試時，需要增加念書時間，想將工作暫時轉成兼職，轉職申請單位二話不說就同意，老闆們也沒有任何意見，轉成兼職後，只要是我上班日，老闆們都很高興，一個一個來我辦公室交待工作，每一位態度都很客氣，請我盡

快幫忙處理，不會因為我轉成兼職，工作時間減少而生氣或為難我，如果不考慮薪資、不考慮升遷，這個地方其實是個不錯的單位。

　　倒吊人是張自願被困住的牌卡，為了遠大的理想與目標，心甘情願被束縛，同時也是一張以不同角度思維的牌卡，心中有目標，即使暫時不得志也沒關係，只要清楚明白自己要走的路、堅定不移，束縛終會被自己解開。

塔羅 13　死神
結束、無常、放手、接受

　　有一天晚上，爸爸突然抱回一隻狐狸狗，很小，全身雪白，從沒養過狗，我對狗有偏見，覺得狗很髒，全身都是跳蚤，抱回來時，看都沒看直接關進籠子。

　　隔日一早，有些好奇到籠子看一眼，狗狗看到我好像很高興，我伸手進籠子，狗狗立刻伸出舌頭舔了一下，我被這種觸感嚇到，軟軟又溫溫，很舒服！接著狗狗主動伸出前腳放在我的手上，再次被嚇到，怎麼那麼柔軟，好好摸！立刻愛上這隻毛茸茸、又軟、又舒服的小可愛。

　　那天下班後立刻跑到書店，將有關養狗的

書翻看一遍，買了好幾本回家研究，之後，每日起床第一件事就是跟狗狗玩、抱牠、跟牠講話。下班會去逛寵物店，看到零食、玩具、衣服、日常用品或新奇的東西，會買回來給狗狗用；假日更是花費很多時間，仔仔細細幫狗狗洗澡、刷毛、剪指甲、清耳朵，捨不得把狗狗交給別人整理，怕會弄痛牠，親自動手比較安心。

　　狗狗被我寵壞，吃飯一定要用手把食物放到嘴邊才吃，狗狗只吃手上的食物，不會低頭去飯碗裡吃飯，媽媽看不下去，不想用手餵，狗狗就寧願餓到吐酸水也不低頭，我們只能妥協繼續當奴才。

　　狗狗很會看人，只要爸爸在，就乖乖的，出門會主動跟在爸爸身邊不會亂跑，爸爸不在就無法無天，完全把自己當老大，根本不把我們放眼裡。我很愛牠，捨不得把牠關籠子，任

　　由牠在家裡到處走動，出門買個東西要抱著、外出過夜也會帶著，不放心讓牠單獨在家裡，我把牠當成我的孩子在養。

　　太愛牠了，有時在夜裡睡不著，腦袋就會亂想，想到萬一牠出門走丟了怎麼辦？牠根本沒辦法在外面生活，想著、想著就會在半夜哭起來，趕快起床把狗狗抱在身上才安心。

　　二專畢業開始在工廠當雜工，之後進入高水準單位，笑著進去哭著出來，再來是進到一間莫名其妙的公司，弄得我身心俱疲，五年的工作低潮、迷惘與焦慮，都在狗狗的陪伴下度過，當我以考試獲得一份家人認可的工作，必須到外縣市接受訓練時，雖然很捨不得，但喜悅之心，讓我毫不猶豫的走出去，一個月訓練期間，我只回家一次，訓練完畢全心投入新工作與大學學業中，每天早出晚歸，陪伴狗狗的時間減少，有天晚上回家看不到狗狗的身影，

媽媽跟我說，狗狗生病住在醫院，立刻衝到醫院，狗狗看到我，雖然很虛弱，還是撐起身體，跟第一次見面一樣，伸出舌頭舔我，但狗狗的舌頭硬又冰涼，我問醫生狗狗生什麼病，醫生只說住院幾天觀察看看。隔天，心裡很擔心狗狗，根本沒辦法專心上班，中午請假直接到醫院看狗狗，卻再也看不到，醫生說狗狗昨天半夜走了，現在已經裝箱，醫生叫我不要看，怕我會嚇到，我請醫生剪一撮狗狗的毛讓我留做紀念，我拿著狗狗的毛走出醫院，眼淚再也無法控制，直接在路邊大哭起來，不管路人眼光，邊哭邊走回家。

　　回到家，立刻放聲大哭，哭到崩潰、全身無力、渾渾噩噩晃到電腦前，打開電腦、打開郵件，寫下「我的狗狗死了」，就開始亂發郵件，這是無意識的動作，當下完全不知道為什麼要做這些。

　　沒多久，第一封回信進來，寫了一堆安慰的話，看了一下，之後，第二封、第三封，我所發出去的郵件陸續回信，一封封溫暖的話安慰著我，我的情緒漸漸平復，恢復理智，立刻拿了一個大垃圾袋，把狗狗所有物品裝進去，不去看、也不檢查，反正只要是狗狗的用品就收好、裝好、綁好，沒丟，全部藏進櫃子角落關閉，我知道現在根本沒辦法看，只能等，等有一天我準備好再去打開。

　　媽媽回來，看到家裡被我收拾的乾乾淨淨，也知道狗狗死了，沒說什麼話，照常生活。不久，媽媽說她沒辦法待在家裡，她感到家中到處都是狗狗的影子，她住不下去，就自己跑回農村，留下我一個。

　　狗狗死，我只哭了一個下午，隔日恢復正常，繼續上班、照常生活，但在心裡始終存有一個遺憾，當時在醫院，腦中空白、強忍眼淚、

沒辦法思考，只能任由醫生把狗狗裝箱，把狗狗的遺體交給醫院，沒親自處理狗狗的後事，也沒看到狗狗最後一眼，心裡很後悔，一直祈求讓我再看到狗狗，一次就好，拜託狗狗到我夢裡來。

某天假日，在家裡午睡，突然聽到床邊有聲音，睜開眼睛，看到狗狗趴在床邊，跟以前一樣張嘴哈氣，我笑了起來，摸摸牠的頭，跟牠說：「你終於來了，自從你死了以後我就沒見過你，你以後來當我的孩子好不好。」，狗狗沒回答，一下子就化為白霧從窗戶飄走，再次睜開眼睛，知道剛才是真的，也知道跟狗狗的緣分完完全全結束，剛剛已經跟狗狗道別，沒遺憾，放下了。

死神牌，一個階段的結束。當我處在工作低潮，心裡煩悶時，狗狗適時出現，陪了我五年，當我進入人生另一階段，狗狗任務結束離

開。死亡！總是令人難以接受，沒辦法！真的沒有任何辦法、任何方式，可以逆轉死亡，唯有接受！接受死亡的事實，接受已經離開的事實，接受！就能放下，考驗過關、重新開始。無法接受，就會在死亡、失去的痛苦中無限循環、無法跳脫、一直重覆，一直體驗失去的痛苦。

　　狗狗的東西我保留了近十年，直到我要結婚搬家，才把東西拿出來，我邊看、邊懷念狗狗，想著狗狗當年使用這些東西的情形，想著、想著，眼淚還是流出來，最後留下狗狗的照片與那撮毛，其他東西全部讓垃圾車載走。

塔羅 14 節制
轉化、煉制

　　從二十歲開始相親，跟每位相親對象都只有一頓飯的緣分，吃完就結束，實在不懂！吃一頓飯到底能認識一個人到什麼程度，為什麼有些人吃完飯就會說喜歡我，事後一直打電話給我，造成我很大的困擾。

　　面對相親對象的追求，我都是立刻拒絕，不給對方任何機會，當時覺得不要給對方心存幻想、不接觸、不聯絡是最好、最乾脆的方式。

　　過了三十歲，仍沒有男朋友，這時腦袋突然出現一個念頭，想來試看看追一個人是什麼滋味，想主動去追求人，想知道戀愛是什麼感覺，為什麼那麼多人想談戀愛。

　　沒多久，又有人介紹對象給我，還跟我說對方條件非常好，要我一定不能錯過，正想追人就有相親機會，這次不猶豫一口答應。

　　見面吃飯後感覺確實不錯，外在條件很好，國立大學碩士畢業、身高夠、臉也帥、在醫院工作，這些條件絕對可以吸引一堆人上門，不去探究為什麼那麼好的條件會沒有女朋友，反正他已經引起我的興趣，想去追他，無關愛情，就只是單純想去追，就像追獵物一樣，也不知道為什麼當時會有那麼奇怪的想法。

　　一頓飯後互留電話，雖然想追他，也沒大膽到主動打電話約他，而是採用迂迴方式，當時他有建立一個部落格，我就去那個部落格看他的文章、瞭解他的工作、知道他的興趣，想著以後見面有話題可聊，甚至去空大進修跟他專業領域有關的課程、去聽他介紹的講座、去看他介紹的書籍，因為他，我瞭解到什麼是生

死、什麼是臨終關懷、什麼是預立遺囑、什麼
是安寧照護、也認識到善終，當時學這些，純
粹出於好奇，也沒想到自己居然會對這些有興
趣。

　　學習一段時間後，鼓起勇氣利用電子郵件
跟他通信，就這樣聯繫起來，他是第一位相親
後有再聯絡的人，我每次發信給他都很緊張，
信件內容要寫的四平八穩、情緒不能表現太明
顯、不能拖泥帶水、還要有專業素養，重點是
不能寫太長，一封信要打稿好幾天、反覆修改，
信件發出後會開始處於焦慮狀態，緊張不安的
等著對方回信，好在！他每次都會很有禮貌的
回信，但就是回信，我不發信，他也不會主動
寄信給我，我是無所謂，只要能收到他的回信，
我就會高興好幾天、就會心存希望，又開始打
稿寫下一封信。

　　一段時間後，開始不滿足只處於通信狀

態，想著要主動出擊，故意到他工作附近亂晃，想製造不期而遇的機會，等了幾次，終於讓我遇到他，我一下子就認出他，而他，卻有些不確定我是誰，好不容易遇到，連句話都沒有，擦身而過，結束了！

　　我真不知道這段時間在做什麼，追個人追得那麼辛苦，追一個根本對你不在意的人更是痛苦，突然想起過去那些相親對象，心裡對他們產生強烈的愧疚感，我直接不理會的態度應該有去傷害到某些人，有人喜歡我，我應該心存感謝，雖然我沒辦法回應，但也不應該用冷酷無情的方式去對待，應該有更好且不傷人的處理方式，直到現在我才瞭解，當時我在心裡想著，過去的人，傷害已經造成無法補救，日後！如果還有人要追我，即使不喜歡，我也不再用冷漠的態度回絕，會改用溫和態度去對待，感謝他們看到我的優點，願意對我付出。

　　既然人家連我是誰都不知道，也不必再追，放下並且承認失敗，為了轉移失落的情緒，特地跑到很遙遠的地方學習開車，新鮮又具挑戰性的事物，成功轉移我的注意力，一個月時間，我就把這件事拋到腦後了。

　　節制牌，指的是一個過程，一個轉化、煉制的過程，把平凡無奇的東西，經過轉化、調整、煉制，變成有價值的東西，就像鍊金術一樣。

　　節制牌是張讓我很難理解的牌，還沒開始寫之前，我自己都在好奇會出現什麼故事，讓我沒想到的是，這張牌居然是出現最後一位相親對象的故事，起初不明白為什麼，寫完後才瞭解，這個故事的重點，是讓我看到自己內心是如何進行轉變，由冷酷無情轉變為溫和寬容、願意為他人著想、善待他人與尊重對方，另一方面也讓我看到，當時的我是如何處理負

　　面情緒、消除負面能量；利用新的事物，讓自
己轉移目標、承認失敗、不再堅持，放下！讓
一切從頭開始。

塔羅 15　惡魔
利益的交換

　　二專畢業後，經歷五年的工作低潮，終於經由考試，得到家人口中很好的工作，進入新單位，老闆很民主，讓我自己選擇工作職務，我選擇工作單純、壓力小、能準時上下班的櫃台服務員工作，工作穩定後馬上報考二技，再次重回校園當起大學生，就在大學即將畢業前，老闆說：「歷練差不多可以換工作了！」，就把我調到內部單位，開始獨立承辦業務。

　　從櫃台服務員轉到內部單位，什麼都不懂、什麼都要學，工作壓力變大，只能把全部心思都放在工作上，為了飯碗沒辦法逃避，咬著牙往前衝。

　　調到內部單位後，每天都有處理不完的工作、開不完的會、應付不完的突發狀況，神經緊繃，工作時間長又很難請假，只要請假一天，隔日桌上堆滿工作、電腦螢幕前貼滿留言，工作加倍、更加勞累。

　　這個工作做了二年，老闆說：「歷練差不多可以換工作了！」，又把我調到其他部門，又要重新學習，面對新的挑戰，做了二年，好不容易熟悉工作內容，老闆又說：「歷練差不多可以換工作了！」，又被調走了，我在這個單位工作九年，換了四個職務。

　　九年裡我全心全意投入工作中，心裡知道老闆們很看重自己，也害怕會辜負老闆們的期望，對工作不敢有任何鬆懈，對老闆交待的任務更是抱著使命必達的決心，不敢違背也不敢拒絕。長期高壓工作，身體開始出現問題，偏頭痛與鼻炎頻繁發作，一發作就痛不欲生、痛

到想撞牆、痛到想把腦袋切開看裡面是不是長了東西，工作壓力也造成睡眠不足，感覺每天都睡不夠，腦袋一直在運轉沒辦法停止。

　　這九年中，也曾因受不了壓力，想找其他工作，但是只要想到換新工作，一切就要從頭開始，這裡除了工作壓力大之外，沒有其他問題，老闆們都對我很好、也很信任我，同事們相處融洽，沒有勾心鬥角的情形，公司內部只要出現升遷機會，我都會是人選之一，一升遷，薪水就會增加，看著薪水每年往上調升，換工作的動力就會消失。

　　身體健康與升遷、金錢、成就如何衡量？當時的我認為後者比前者重要，所以即使心裡非常討厭工作、即使身體各處都在痛、即使腦袋時常處在昏昏狀態，每日還是準時上班、認真工作、賺取金錢，以換取自己生活所需的各項物品。

　　金錢的誘惑很大，工作所得來的成就也讓自己內心獲得極大滿足，相較之下，身體的疼痛不算什麼，痛！吃藥就好，選擇靠中藥調理身體，吃藥時間太長，醫生建議改用針灸治療，時常忍著疼痛，頭上插滿針躺在治療床上，有時會忍不住問自己，這樣過生活好嗎？每天只有工作，除了工作還是工作，這樣的生活真的好嗎？完成治療、疼痛緩解、工作繼續、日子照過，一天過一天，一年過一年，就這樣以身體健康為代價，換取自己想要的金錢與成就。

　　惡魔牌，看起來像張可怕的牌卡，我採寬容看待，活在物質世界，就會想要去追求物質上的享受，要怎麼收穫，先要怎麼栽，書上是這樣教的，願意付出自己的心力，在不違背法令、不違背善良風俗下，用自己的努力換取想要的東西，是很正常的事，但如果有這麼正面、這麼美好，這張牌就不會被稱為惡魔。

　　世間惡魔無所不在，惡魔誘惑著人心，讓人忘了初心、忘了是非，很容易為了利益、為了金錢、為了更好的物質享受，昧著良心、出賣靈魂，自願被惡魔套上枷鎖，供惡魔驅使，失去人性。

　　惡魔牌在告訴我，追求物質享受的同時，也不要忘了保有初心，隨時傾聽自己內在的聲音，相信自己的直覺，不對的事就不要妥協，有能力發現惡魔所在，保持清醒，不受惡魔誘惑，以自己之力，換取所需要的金錢、成就與生活所需，不被惡魔套上枷鎖，才是真正的自由。

塔羅 16　高塔
崩毀巨變、真正的死亡、轉捩點

　　決定以大阿爾克那寫故事開始，高塔牌的故事就出現在腦袋裡，但我很抗拒不想用這個故事，想等看看會不會出現其他的故事。終於來到了高塔牌，腦中的故事依然是同一個沒有改變，沒辦法只能面對了。高塔牌的故事距離現在（2023 年）只有十多年，不想造成傷害，故事只以我的視角來寫，不敘明前因也不說明後果，出現什麼訊息就寫什麼。

　　一夕之間完全變調，幸福美滿的生活一覺醒來，沒有任何預警，立刻從天堂掉到地獄，不誇張！從沒想過我的日子會過得這麼悲慘，看不到未來，只知道生活如地獄般黑暗，對未

來絕望，五年才爬出來，以一側甲狀腺與一個
孩子為代價，全身血淋淋從地獄爬出，結束靈
魂暗夜。

　　身陷靈魂暗夜，日子難過，每天都是煎熬，
受不了就會跑去算命，很幸運，在家裡附近就
有一位很慈悲的算命師，每次去找她，她都會
跟我說：「現在狀態只是暫時，很快就會過去，
有點耐心再等等不要心急，只要專心做自己的
事就好，不要想太多。」，看著她慈悲的臉、聽
著她鼓勵的話，心裡好像被打進一股力量，讓
我有勇氣再去面對生活困境。

　　第二個孩子流產後，想再懷孕，聽人介紹
去外縣市，找一位聽說很厲害的算命師，這位
算命師很直接跟我說：「你不會再懷孕了，你命
中只有二次懷孕機會，第二個流掉就沒了。」，
心原本就脆弱，聽了她的話當場哭出來，不願
相信、也不接受這樣的結果，不想放棄，一再

問她有沒有辦法，算命師看我哭成那樣有些心軟，告訴我：「去家裡附近的大廟求註生娘娘，只要找家裡附近的廟就好，不要到很遠的地方去求，只要註生娘娘願意給你們夫妻各三個聖筊，就有機會」。

隔日，立刻跟老公去廟裡，我先向註生娘娘詢問可以求孩子嗎？註生娘娘給我三個聖筊；我再問，我想生女孩，可以賜給我一個女兒嗎？註生娘娘又給我三個聖筊，之後換老公，第一次就出現三個聖筊，幾分鐘出現九個聖筊，原本以為會求很久，沒想到簡簡單單就結束了。

祈求註生娘娘後，等了幾個月還是沒懷孕，心裡無法安心，又去找家裡附近那位算命師，算命師要我放心，年底應該就會有消息了。

懷第一個孩子時，我也像個孩子，生活上很依賴老公，每次產檢老公都會陪同，有一次，

安排照高層次超音波，只因老公沒辦法進檢查室陪我，我就緊張到全身發抖，抖到無法照超音波讓醫師很生氣，要我控制住身體，但我實在是控制不了。

　　第一胎懷孕到七個月，上下班或出門，老公都會全程接送與陪伴，不會讓我一個人外出；想去月子中心坐月子，老公就跟我到處參觀月子中心；離預產期還有二星期，老公就要我請假在家待產；生產後，老公全程待在醫院陪我，之後除了付錢，連人也一起陪我住在月子中心，第一胎從懷孕到產後，都被照顧的很好。

　　第三次懷孕已經處在靈魂暗夜近四年，心裡累積了很大的壓力，有天晚上又跟老公發生口角，內心極度痛苦，對未來充滿憂心，無法脫離的生活狀態，不知未來到底該怎麼辦，愈想愈覺得悲哀與絕望，流著眼淚、拿著鑰匙，

　　騎著摩托車衝出去，一出門立刻加速狂飆，心裡就只有一個念頭「讓我出車禍死掉，我想結束這一切，不想再活了」。

　　一心想死，眼睛都是淚水，視線模糊、騎車狂飆，這時腦袋出現一個聲音：「你有孩子哦！你忘了你肚子裡的孩子嗎？你忘了你當初怎麼求來的嗎？你現在可不是一個人，你肚子裡的孩子在陪你」。

　　一聽到這個聲音，立刻清醒過來，差點忘了肚子裡有孩子，我不能如此自私不顧孩子安危，立刻減速，夜裡的風輕輕吹著我、也吹乾了眼淚、視線清晰，開始回想，這些年過的是什麼日子，反正再慘也不會比現在慘，我肚子裡有一個用九個聖筊求來的孩子，我不是一個人，當下決定，此後我只與這個孩子生活，對外界我將不理不睬，不在乎別人言語、不對任何人抱著期待，沒期待就沒有傷害，別人願意

給，我感謝！不願給，也沒關係，我靠我自己，從今以後！我只靠我自己，只相信我自己，不再依靠他人，他人一切都與我無關，我只活在我自己的世界裡。

　　平安回家，睡了這四年來最好的覺，隔日，我關閉內心，將注意力集中在自己身上，我將自己與外界做了切割。

　　第二次懷孕不久就流產，當時躺在醫院，身邊沒人，自己一個人承受所有痛苦，心中感到無比悲哀。第三次懷孕，每次產檢我一個人自己去，安排做羊膜穿刺時，醫生特別交待，可能有危險，請家人陪同檢查比較好，當日我還是一個人自己去，看著長長的針穿過肚子直達羊水，全程平靜，沒有任何抖動，結束後，坐在椅子上休息，確定肚子不痛，又繼續去做甲狀腺超音波檢查，自己一個人，挺著肚子在醫院穿梭，不會覺得自己可憐無人陪，反而覺

得自由自在滿好的！

第三次懷孕，騎摩托車上下班直到生產前一天，孩子生下回到病房，老公回家不再出現，醫院裡只有我跟孩子，專心在醫院餵奶、換尿布，不理會病房內的吵雜與傷口疼痛，月子中心的錢自己付、自己住、自己照顧自己，也親自照顧孩子，孩子除了洗澡，其餘時間都自己照顧，不假他人之手，月子中心的人員說我是模範媽媽。

月子中心只有我跟女兒住，每天快快樂樂跟女兒在一起，有熱熱的飯可吃、有乾淨的衣服可穿，覺得很幸福、很滿足，自由自在想做什麼都可以，若不是沒錢，很想繼續住下去，從月子中心回家後，隔日一早，手機傳來一句：「來吃飯！」，長達五年的靈魂暗夜，結束！

高塔牌，真正的死亡牌卡，非常令人害怕，原本所擁有的東西全部崩毀，必須付出很大的

代價，才得以重生，無預警的開始、也無預警
的結束，令人無法預測。

　　高塔期結束後，沒什麼感覺、沒高興也沒
怨恨，一切如常平凡的過每一天，十幾年來，
不曾憶起那段時間所經歷的一切，如今揭開，
已經沒有痛，徹底釋懷與放下，我現在知道，
這只是我人生必須經歷的一小段過程而已，唯
有讓高塔，將過往那位膽小軟弱的我震碎摧
毀，重塑一個堅強獨立的我，我才有能力去迎
接人生另一階段的挑戰，我非常感謝那些渡化
我的人。

塔羅 17　星星
心靈交流

　　2021 年才學會用手機看視頻，某天看到某位歌手在彈鋼琴，看著、看著，突然腦中出現一個念頭「去學鋼琴」，嚇一跳！第一時間立刻否決，不可能！絕對不可能再去學鋼琴。

　　二專畢業開始工作後，曾幻想自己能變成一位氣質優雅的淑女，就去報名鋼琴課，學了一期二個月四小時的鋼琴，記不住五線譜，每天還要花很多時間練習。練琴，讓我覺得無趣又浪費時間，學琴困難又引不起興趣，課程結束，我的鋼琴淑女夢也結束，同時也確認自己不是學音樂的料。

　　現在跳出學鋼琴的念頭，立刻想起以前學

琴失敗的過往，心裡非常抗拒，很不願意再去
學。腦中學琴念頭一直無法消除，連帶心也無
法平靜，抵抗了一陣子實在受不了，某天下班，
經過家裡附近的音樂教室，鼓起勇氣走進去詢
問，跟老闆談的順利也很愉快，留下聯絡電話，
老闆說：「跟老師約好上課時間，就會聯絡
你。」，一天、二天、一星期、二星期過去，沒
消息、沒通知、很高興、太好了！都沒聯絡，
也不想打電話去詢問，我根本不想學，就這樣
繼續拖延下去。

　　也不知道過了多久，某天下午，在補習班
門口等孩子下課，腦中又出現學鋼琴的念頭，
現在心情已平靜許多，不再強烈抗拒，也知道
抵抗無用，就很認真思考學琴這件事，想著，
等孩子下課這段時間也是在等，什麼事也不能
做，乾脆去學鋼琴好了，這時在心裡默想，如
果孩子補習班附近有鋼琴教室，我二話不說立

刻去報名，如果沒有，從此放棄不再提起，想完立刻拿出手機，以孩子補習班為中心，開始搜尋音樂教室，真的就那麼巧，在孩子補習班隔條街，就有一家評價不錯的教室，馬上撥打電話詢問，二通電話十分鐘敲定上課時間。

　　第一次上課，教室工作人員要我繳交一堂試上費用就好，我說我要繳交一個月學費，工作人員以為我是位積極好學的學生，其實我是打算上一個月就結束。

　　上課時，老師問我想學簡譜還是五線譜，當年敗在五線譜之下，現在當然要學五線譜，不學就過不了關，一上課，我就被老師的教法吸引，不是要我認五線譜、也不是教我 C 大調，而是要我把雙手放在琴鍵上，直接彈奏一段樂曲還有和弦，當年我學了二個月，都是單手單音，從沒想過我也能用雙手彈琴，突然覺得彈琴很好玩，產生了興趣。

　　第一堂課結束，才想到家裡沒鋼琴不知要到那練習，正在思索著那邊可以練琴時，腦中就出現「住家公設中有琴房」這個訊息，我在這裡住了六、七年，從沒使用過公設，已經忘了公設中有琴房這件事，立刻到櫃台詢問琴房在那裡，真的就那麼巧，琴房就在家裡樓上。

　　第一次獨自將自己關在琴房練琴，沒有害怕感覺，完全沉浸在音樂當中，不覺得累、不覺得煩，彈著簡單的音符也不會覺得無聊，反而很享受獨自練琴的時刻，非常紓壓，走出琴房全身舒暢，像是洗過澡一樣的舒服，愛上這種感覺，覺得不可思議，彈琴居然會讓我的心感覺到愉悅。

　　有時忍不住會想，現在學琴到底要做什麼，也不可能往音樂之路發展，花那麼多錢、花那麼多時間到底有什麼意義、得不到實質的回饋。每當出現質疑念頭時，就會有另一種聲

音告訴我：「為何要想那麼多，做自己喜愛的事，享受當下需要什麼理由」，彈琴能讓自己感到快樂、能讓心平靜、能讓自己忘卻煩惱，還能給自己一個獨處的時間與空間，這就夠了。

　　星星牌，心靈交流的牌卡，有星星的指引，能讓自己在盲與茫之中，找到前進的方向。莫名其妙學了鋼琴，還很幸運遇到一位很適合自己的老師，真的很適合，隨便我學，想學什麼就教我什麼，不會跟我說不行、不會給我壓力、不會打擊我、更不會跟我說負面的話，總是溫溫柔柔的在我身旁鼓勵我、協助我學習。音樂！讓我無聊又無趣的生活有了活力、有了色彩，就像星星牌中那股清淨的泉水，洗滌我的心，讓我的心感到快樂又滿足。

搭羅 18　月亮
恐懼、不安、創傷

　　國中畢業後想往遠一點的地方去探索，想到不同城市去看看，於是選擇一間離家裡非常遠的學校，開始搭公車上學的生活。

　　每天早上大約六點出門搭車，很早起床，睡眠不足，只好利用坐公車時間補眠，有天坐公車又在車上睡著，睡的迷迷糊糊，覺得大腿邊有怪怪的感覺，把書包移開沒看到什麼，以為是作夢，不管繼續睡，突然覺得不對，馬上睜開眼睛、移開書包，看到一隻男人的手放在我的大腿上，我驚嚇到呆掉，隔壁的男人立刻衝下車，而我還呆呆坐著，沒有任何反應，不敢相信居然會遇到性騷擾，以為那只是電視情

節，現在卻真真實實發生在我身上。

　　恍恍惚惚不知道是怎麼下車，整天無心情上課，心裡很恐懼、很害怕，又覺得噁心，一直在想到底做錯什麼，為什麼會遇到這種事，不敢跟任何人說，直到放學，忍不住在車上哭出來，哭完冷靜許多，我知道這不是我的問題，是別人心懷不軌，有錯的是騷擾我的人，我是受害者，突然憤怒起來，下車後立刻跑到文具店，買了一把大剪刀放書包，心裡想著，之後如果有人敢把手放到我的腿上，我絕對刺下去。

　　遇到一次性騷擾後，不知怎麼回事，之後三不五時讓我遇到，大白天出門買東西，不只一次遇到露鳥的人；坐公車，更是常在最後一排角落，看到光明正大把生殖器拿出來玩弄的人，看多了，都麻痺了，被訓練到可以不受影響，他玩他的鳥、我坐我的車。

　　之後讀二專，二專學校比高職更遠，必須

更早出門。冬天，常常是天還沒亮就要出門趕公車，有一天在公車站等公車，等著、等著，突然覺得腿怪怪的，低頭一看，居然看到一個男人抱著我的腿，還來不及反應，那個男人一下子衝到巷子裡不見了，旁邊一堆等公車的人，每個人都用驚嚇的眼神看著我，四周安安靜靜沒人出聲，誰都不知道那個男的是從那裡冒出來，公車來了，上車！剛才的事像作夢，完全沒有真實感，但確確實實我又被騷擾了。

　　二專上學時，有一次因為睡過頭怕遲到，只好坐計程車去追公車，一上車，就發現司機一直從後照鏡看我，我當作不知道不理他，司機看了一會兒，開口跟我說：「同學你長的好可愛，好想把你綁走」，講完後就一直對我笑。我聽到，心裡很害怕，但臉上淡定，當作沒聽到，不去看司機，一直看著外面的路線，心想！只要路線有偏掉，我就立刻開門跳車。平安到達，

冷靜付錢，手不抖、臉不慌，還很有禮貌跟司機道謝，臉上鎮定、沉著，身上全是冷汗，心想！以後寧可遲到，也不敢單獨搭計程車。

　　二專上學途中，還有一段非常可怕的驚魂記，那天也是天還沒亮就出門趕公車，一個人走在暗黑路上，突然一台車停在我旁邊，車窗降下，駕駛者口中在講話，我沒聽清楚，很自然就往車靠過去，還是沒聽到，副駕駛一直盯著我，也沒幫忙轉達駕駛的話，我又往車靠了過去，這時，不知那來的想法，眼睛自然就往車後座看了過去，我看到三個男人在後座，加上前座二個男人，這台車共有五個男人，駕駛在講話，只是嘴動沒有出聲，副駕駛也不出聲，只是一直盯著我，腦中警鈴響起！不敢再往車靠近，動作不敢太明顯，眼睛看著駕駛與副駕駛，身體緩慢跟車拉開距離，保持一段距離後，一直跟車內的人對看，不敢動、不敢跑，就這

樣站著，車內的人看我不動，交頭接耳不知在車內講什麼，之後關上窗車開走，看到他們走，我立刻趕公車去，邊走邊回想剛才的情形，愈想愈覺得可怕，忍不住去想，如果我繼續向車靠近，不知會發生什麼事。

　　月亮牌，照出人內心的黑暗與恐懼，我一直覺得這張牌很像深海，暗黑、沉重，四周都是危險訊息，卻不知危險從何而來，有如杯弓蛇影，對環境充滿著恐懼與壓力。

　　從搭公車開始，就時常遇到心懷不軌的人，我對人，尤其是男人，更是懷著戒心與恐懼，社會上壞人很多，披著人皮的惡魔就在身邊，獨自一人走在暗黑路上，路上沒人，令我覺得安心，身處熱鬧街道，周圍的人群，反而讓我感到壓力，「人」讓我產生很大的恐懼，我知道這分恐懼是來自過往的經歷，讓心生出心魔困住了自己。

　　這世上壞人很多，好人也不少，必須讓自己相信「我」是安全的，相信自己有能力保護自己。正視自己內心的恐懼與黑暗，勇敢面對與行動、積極尋找解決之道，才能驅散內心的黑暗，停滯不前，只會被黑暗逐漸籠罩，直至被吞食消失。

塔羅 19　太陽
光明、積極、生命力

　　2022 年某天早上騎車去上課，騎著、騎著，腦中閃出一句話「老公是我今生的貴人」，覺得這句話很有意思，於是一邊騎車、一邊回想著與老公相識的過程。

　　老公是我公司的同事，一進入我們公司就引起關注，同事都跑來跟我說，新進的新人長的跟我很像。

　　第一次見到老公，沒有特別感覺，相處也很一般，沒有特殊感，不知道從什麼時候開始，公司內部傳出老公要追我的消息，之後整個公司的人都幫他追我，公司聚餐我們座位在一起、工作也排在一塊，之後更是在同一部門工

作，愈是這樣我反抗愈大，離他愈來愈遠，不喜歡跟他單獨在一起工作。

老公第一次約我吃飯被我拒絕，不想給他機會，老公不放棄，以節日名義送我禮物，不喜歡平白無故接受別人禮物，只好以吃飯做為回禮，抱著應付心態跟他吃飯，就跟之前相親一樣，想著只有這次沒有下次。

第一次跟老公單獨吃飯，也不知道什麼原因，一坐下去，我就全身放鬆，整個氣氛變得非常輕鬆、愉快、沒有壓力，一開始就能自在聊天，不用裝淑女、不用想著用餐禮儀，完全隨心所欲，出現了從來沒有的輕鬆感，隨便夾菜、大口吃飯，完全不用在乎外在形象，這是我第一次跟男生單獨吃飯，可以吃的這麼輕鬆自在，自己都感到不可思議，完全放下戒心，沒有害怕的感覺，回家路上還在想，如果我當著他的面放屁、張口剔牙、挖鼻孔，做出任何

不雅動作，他可能都不會在意，難道這就是命中注定，他是我今生要嫁的人。

　　單獨吃飯後，跟老公在辦公室的相處模式還是跟之前一樣，保持距離不會太靠近，但我開始注意他，觀察他的工作態度、觀察他與人相處的情形、觀察他的生活習慣、默默觀察他的一切，很怕自己一時昏頭看走眼。

　　沒過多久，老公說讓我請吃飯不好意思，堅持回請，我在心裡猜想，此頓飯可能不單純，果然！老公利用這次機會向我告白，要我做他的女朋友，我沒答應，只說考慮、考慮，其實心裡已經很清楚，我不只是他的女朋友，還是他未來的老婆，不想這麼快走到結局，想再體驗一下曖昧與戀愛的滋味，就慢慢拖著。

　　老公第一次告白雖沒有成功，但話已說出口，不用再顧慮，開始明目張膽的追求我，追到全公司的人都以為我倆已經在一起，不管我

怎麼否認，都沒人相信。

　　半年後，老公再次告白，我倆正式成為男女朋友，老公想離我近一點，就搬到我家附近來住，一年後決定結婚，老公認為還是要買一間自己的房子比較好。

　　說真的，從沒有想過有一天我會買房子，總覺得自己沒有能力，媽媽也覺得都市房子太貴，要我先存錢不要急著買，但是老公是行動派，決定的事會立刻行動不會拖延，於是我們開始看房子，從都市南邊看到北邊，最後買下我家附近一間十坪的小套房，房子真的很小，我在原生家庭沒有自己的房間，突然之間有了屬於自己的房子，心裡非常興奮，房子大小對我而言不重要，重要的是！我終於擁有一個屬於自己的「家」，屬於自己的地方。

　　我對房子內部裝潢有很多浪漫的想法，老公完全不採納我的意見，他一手主導房子內部

的裝修工程，自己畫圖、自己丈量、自己跟廠商談，只有家具部分，老公要我跟他一起去挑選。

完工入住後，我才發現老公的細心，我們家室內只有七坪，卻有一座三門的大衣櫃，老公說我衣服多，衣櫃要夠大才好用，這座衣櫃其中二面是給我用，他只需要一面就好，還不夠，那他那一面的一半，也可以給我用，他東西不多，只要有個小空間就好。老公還給我做了一個梳妝台跟一個半身鏡，看到那個鏡子，心中很感動，鏡子完全藏在衣櫃裡，要用時再拉出，不占空間、夠大又明亮，老公說他知道我每次出門都會照鏡子，但因為家裡空間有限，只能幫我做半身鏡，我在原生家庭沒有自己的梳妝台，鏡子也是小小一個，現在能擁有一個屬於自己的地方，心裡非常滿足。

　　房子裡處處可見老公貼心的設計，我雖沒
有參與，但老公把我的需要都考量在內，給我
一個非常舒適的家，家裡的物品都是我們二人
一起去挑選，我住得很舒服、很滿意，重點是！
我沒有出錢，這間房子全部費用老公一手包
辦，還記得當時決定買房子要付訂金時，我跟
老公二人搶著付錢，銷售人員驚歎的說：「從沒
看過夫妻買房子是搶著付錢的」。

　　我跟老公第一個家，由我們二個親手打造
出來，很可惜我只住了一年，一年後，我跟孩
子搬回老公老家，獨留老公一人居住，二年後
老公也搬回老家，這間房子我們捨不得賣，只
好讓給其他人住，當時我想把屋內的家具搬
走，老公卻說，家具尺寸只適合這間房子，搬
走也沒用，老公把屋內所有物品都留下，我只
能一邊收拾自己的東西一邊哭，這間房子對我
而言意義重大，裡面充滿著新婚時的種種回憶。

　　太陽牌，如太陽般美好與燦爛，我在國小
時曾做過一個夢，夢裡我跟一位男生到國外旅
遊，天氣非常寒冷，我的一支手套掉了，手很
冰，男生二話不說拉著我的手，放入他衣服的
口袋，很甜！笑的醒來，那時突然有個感覺，
知道以後會嫁給一位很寵我的人，所以我一直
等、一直等，雖然有時看到同學交男朋友、看
到朋友結婚，也會心動，但每次只要有想交男
朋友的念頭出現，身邊就會出現一些很奇怪的
人，嚇得我只能打消念頭，繼續等待，這一等，
等了三十多年，等到老公出現在我生命中，等
我對他產生感覺、產生依戀，老公改變我的命
運，解開原生家庭加諸在我身上的種種束縛，
讓我變的自由、開朗、活潑，我想做的事，只
要是安全的，老公從不反對，我做出再奇怪、
再匪夷所思的事，老公都是一副淡定的神情，
讓我知道，在他面前我可以完全做我自己，不

　　用害怕、不用自卑，太陽牌也是貴人牌，我此
生的貴人——我的老公。

塔羅 20　審判
轉念、脫變、十字路口

　　2021 年，突然感覺到自己怪怪的，對任何事都提不起興致，整天就是覺得很累、很累，日常生活裡找不到快樂的感覺，覺得人生到這個階段很無趣、很無聊，每日就是睡覺、起床、上班、下班、吃飯、睡覺，一日復一日，單調、無趣、枯燥又乏味，感覺到此生沒有希望、沒有未來，我不知道繼續活著有什麼意義，心好像變成一個大黑洞，而我一直往那個黑洞陷下去。

　　我沒辦法跟任何人講我的問題，我的一切看起來如此美好，有健全的家庭、有兒有女、有穩定的工作、有很好的婆家、很好的娘家，

外人看我一副幸福美滿的樣子，不會相信我有問題。

而我也不知道自己的問題在那裡，只覺得心很空、心很痛苦，沒辦法提起精神，任由自己渾渾噩噩的過日子，過一天少一天，努力將外表裝飾的很好，不讓身邊的人發現問題，很怕別人看出異常，也不敢找人訴說心中的痛苦，很怕別人說我無病呻吟、說我身在福中不知福。

我知道世上比我過的痛苦的人很多，所以我的沮喪、無助、低落、悲傷都只是小事，是我自己一個人的事，我只好縮起來、藏起來，獨自承受，若不是有很好的家庭支撐著我，我真的很想就此離去。

日子過得實在是無聊透頂，學會利用手機看視頻，也不知道為什麼，打開 YouTube 出現的都是塔羅占卜影片，我很愛找命理師問事，

無論八字、紫微、手面相、通靈老師通通找過，
當然也包括塔羅牌老師，從前我最沒興趣、最
不相信的就是塔羅占卜，但視頻的影片卻讓我
改觀，一張牌！居然可以讀出那麼多訊息，這
樣神奇的事引起我的好奇。

　　這些影片中，有位老師的聲音特別好聽，
在我無法入睡時，聽著這位老師的聲音就能睡
著，特地去搜尋這位老師的資料，一下子就查
到這位老師的聯絡方式，立刻跟這位老師預約
占卜。

　　2022 年因疫情關係，占卜改用電話方式，
到了預約那天，這位老師很忙，讓我等了近二
十分鐘才連線，電話一接通，什麼問候聊天都
沒有，老師直接問我：「要問什麼？」，我在跟
老師連線的那一剎那，覺得老師怎麼跟影片中
的感覺不一樣，很陌生、完全沒有熟悉感、更
沒有親切感，還沒適應這種感覺，腦袋空空，

一時之間也不知道要如何開口，就直接跟老師說：「我不知道要問什麼。」，老師一聽，口氣就有點不好了，問我：「難道是要找我聊天嗎？」，我心裡 OS：「沒錯，其實我只是想聽老師的聲音而已。」，老師又說：「怎麼可能沒問題，結婚沒？難道你沒懷疑你老公有問題，你怎麼確定你老公沒有外遇？」，聽到這些話，突然很想掛電話，不想問了，但又捨不得錢，這位老師的價碼很高，只好隨便問個問題，耐著性子聽這位老師解牌。

　　其實我已經放棄，不抱任何期待，也沒怎麼認真在聽，只是聽著、聽著，突然發現，老師的聲音底下怎麼有一股很溫暖的能量，非常、非常的溫暖，經由老師的聲音，傳到我的耳朵，再經由我的耳朵緩緩流進我的心，心中的缺口慢慢變小、心中的黑暗慢慢變淡，感到非常不可思議，也很震驚，開始配合老師的話，

老師說的對！老師說的好！沒錯！沒錯！對！
對！對！內容不重要，只要聲音不要停就好，
一個小時諮詢結束，心中的黑洞被填滿，全身
被一股很溫暖的能量包覆著，心中充滿感動，
放下電話，開始嚎啕大哭，已經很久、很久沒
有哭了，也不知道哭了多久，哭完，冷靜了，
腦中開始清晰起來，回顧過去，瞭解前半生的
因果，原來我再次經歷了靈魂暗夜，原因是十
多年前的靈魂暗夜，為了怕受傷，將心關閉沒
有打開，靈魂沒有覺醒，現在時間到，該醒了！
感謝大地之母喚醒了我，看向未來，看到一條
全新的道路在我眼前展開，一條此生要去走的
路。

　　審判牌，抉擇的牌，審判牌出現，代表必
須對心中所想之事做出決定，相信自己的決
定，勇敢並堅定的走下去，面對人生的十字路
口，也許會徬徨、也許會迷惘，不管往何處走，

只要是心裡所想的方向，心中所認定的路，就
是對的路，即是對的路，就不要再去懷疑，走！
就對了。

塔羅 21　世界
結束、全新開始

　　第一版世界牌寫完，開始從頭校對時，突然發現，世界牌的內容好像比較適合愚人牌使用，就把世界牌大部分內容搬到愚人牌，搬動完成再次校對，我才領悟，什麼叫做一個階段的結束、另一階段的開始，我的故事在世界牌結束，卻在愚人牌再次展開。

　　愚人牌前段所描述的故事發生在 2022 年，當時我的大阿爾克那影片已看過一遍，因為沒有任何感覺，也不知道要怎麼辦只能放著，之後雖然腦中出現指引，要以大阿爾克那寫故事，因為有難度、不想做，就一直拖著。

　　拖著、拖著，只要有空閒時間，心就很難

平靜，手會很想打字，很神奇的是，只要開始寫，腦袋自然會出現訊息，寫到什麼牌，跟那張牌對應的故事自然會浮現，不須著急、也不用費力去想，時間到，故事就出現，好像被什麼東西引導著。

　　第二次學習大阿爾克那，這次學的很慢、非常慢，每學完一張牌，搭配寫出一則故事，有時故事出現，也不清楚故事跟牌義之間有什麼關聯，直到故事寫完準備下結論，才領悟出塔羅牌要告訴我的事，大阿爾克那學完，故事也寫完，花了大半年時間跟牌卡相處，建立了密切關聯，看著牌卡想起自己的故事，連帶牌義也被帶出，自然感覺出牌卡所要表達的意思，終於可以跟大阿爾克那對話了。

　　原本只是單純想把腦袋中的故事寫出來，寫著、寫著，腦袋就出現「為什麼不把這些故事集結成冊分享出來」，因為這個想法的出現，

讓我有了目標，心就此安住，專心寫作，將書完成。

　　22 則故事寫到尾聲，才想到這本書沒有名字，不知道要如何取名。2023 年 1 月底，春節結束，第一天上班途中，騎車騎著、騎著，腦中出現「塔羅雞湯」這幾個字，一開始覺得好笑，怎麼會有這種名字，再仔細想想，愈想愈覺得有意思，以大阿爾克那為題，再加入自己 50 年的人生經歷，寫出 22 則療癒人心的故事，滿有意義的。

　　世界牌，舊事物結束、新事物開始，這張牌的牌義跟死神牌很像，但死神是屬於悲傷的，不是自己心甘情願，是被迫接受，只能放下，讓事情過去才能重生，要是過不去，就會被困住，走不出。

　　世界牌！圓滿而喜悅的完成，心甘情願的結束，自然而然走向下一階段，新的故事再次

從愚人牌展開，充滿歡樂與滿足，不留遺憾。

《塔羅雞湯》的完成，讓我有機會再次回顧我的前半生，同時也向我的前半生做個告別，感謝出現在我生命中所有的人事物，感謝他們豐富我的人生，讓我有精彩的故事可以呈現，告別過去，無論是快樂的、憤怒的、悲傷的、痛苦的，全部到此結束，帶著感恩的心，走向我的後半生。

塔羅 21 世界牌，是結束也是開始，這張牌的牌面有個圓，可以看成是圓滿，也可以看成是 0，跟塔羅 0 愚人相呼應，整個大阿爾克那就是一組無限循環的牌組，跟我們的靈魂旅程一樣，結束，是為了迎接另一個開始。

附錄一
16 張宮廷人物牌筆記

　　宮廷人物牌，我看成是 4 種家庭的組合，每個家庭有國王、皇后、騎士與小侍衛，搭配 4 大元素，讓每個人物都具備了獨特的個性。可將這些人物的特性，運用到日常的人際關係中，有助於我們對「人」行為模式的觀察與瞭解。

　　重新整理這些資料時，隱約有靈感浮現，宮廷人物這組牌不好理解，應該仔細去察覺自己身邊的人，將他們的故事與宮廷人物牌的牌義結合，除了有利於解牌外，也能深入理解人心、觀察人性、學會識人。

16 張宮廷人物牌筆記（1）

宮廷人物	元素	擬人化形象
國王	土元素	成熟又穩重。 年齡約 45 歲以上。 權杖國王：霸道總裁 聖杯國王：溫柔總裁 寶劍國王：冷酷總裁 金幣國王：豪門總裁
皇后	水元素	溫柔、有愛又美麗。 年齡約 30 至 45 歲。 權杖皇后：女強人 聖杯皇后：水美人 寶劍皇后：冰山美人 金幣皇后：富美人

16 張宮廷人物牌筆記（2）

宮廷人物	元素	擬人化形象
騎士	火元素	活躍、能量強。 年齡約 18 至 30 歲。 權杖騎士：年輕猛男 聖杯騎士：白馬王子 寶劍騎士：衝動小子 金幣騎士：富二代
侍者	風元素	可愛的小朋友。 年齡在 18 歲以下。 權杖侍者：小冒險家 聖杯侍者：小藝術家 寶劍侍者：古靈精怪 金幣侍者：小企業家

16 張宮廷人物牌筆記（3）

花色	元素	元素特質
權杖	火	體能、性能量、體力、物質、熱情表現、勇氣、往外積極的行動力、迅速、身體力行、爆發力、火、熱等等。
聖杯	水	感情、愛情、藝術、靈感、關係、情緒、感受、愛美、桃花、貴人、心靈、靈性等等。
寶劍	風	官司、法律、訴訟、口角、快速、無孔不入、信念、想法、認知、理智、無情、冷血、犀利、公平正義、傷害、思想也是武器。
金幣	土	生活所需、金錢、工作、財運、事業、務實、安全感、固定不動、豐盛等等。

16 張宮廷人物牌筆記（4）

花色 ／ 人物	國 王（土元素）
權 杖（火元素）	（火+土） 與其他國王不同，會改變、會創新、很活潑、行動力強、有體力、熱情、衝勁、權威、有實力、有權有勢、事業能持續開創。
聖 杯（水元素）	（水+土） 重感情、有愛心、靈感強、有藝術天分、能照顧家庭、重視生活情趣、個性穩定不嚴肅、不刻板、有自己的堅持，又能照顧他人感受，讓人感到溫馨、被理解、被諒解、很體貼。

16 張宮廷人物牌筆記（5）

花色＼人物	國 王 （土元素）
寶 劍 （風元素）	（風+土） 專業技術者、專業人士、理智判斷、穩定、權威、嚴肅又冰冷、犀利、頭腦很好、有清晰的判斷力。
金 幣 （土元素）	（土+土） 安全感、保守不變、鞏固、物質生活豐足、財運最佳、有錢又能守成，不會將財產敗光。

16 張宮廷人物牌筆記（6）

人物 花色	皇后 （水元素）
權杖 （火元素）	（火+水） 女中豪傑、會照顧他人、能分享、大姊頭個性、女強人、有熱情、有衝勁、有動力，不過可能脾氣暴躁又強悍。
聖杯 （水元素）	（水+水） 很細膩、很好的照顧者角色、靈性高、靈感多、藝術、美學、創造力都很強，但可能多愁善感、思慮多、情緒起伏大、感情用事、魄力小、感性勝於理性。

16 張宮廷人物牌筆記（7）

人物 花色	皇后 （水元素）
寶 劍 （風元素）	（風＋水） 冰山美人、冷靜、理智、思路清晰、不會感情用事、隱藏情感、內心有溫柔特質但不易顯現、口才好也很會說教。
金 幣 （土元素）	（土＋水） 物質生活富足，自身能力也很強，會照顧身邊的人，標準富婆角色。

16 張宮廷人物牌筆記（8）

人物 花色	騎 士 （火元素）
權 杖 （火元素）	（火+火） 動力強、往前衝、不會停、沒在怕、快速、不恐懼、具體向外行動，強大的行動力，很適合在事業開創期出現，不過容易急躁、無法靜下來思考。
聖 杯 （水元素）	（水+火） 白馬王子（雙魚座特質）、具有療癒力、靈性高、很有愛、有人緣、桃花旺、活躍又博愛，有動力，能把內心的愛付緒行動，會表達，殷勤、浪漫、臉長的好看，經濟能力要從其他牌卡判斷。

16 張宮廷人物牌筆記（9）

花色 ／ 人物	騎 士 （水元素）
寶 劍 （風元素）	（風+火） 超強行動力，宮廷牌中速度最快，一旦出發，無人可阻擋。要小心，速度過快，思慮不周，容易發生危險。
金 幣 （土元素）	（土+火） 穩定、勤奮、慢慢的往前進，終能得到好成果。

16 張宮廷人物牌筆記（10）

人物 花色	侍 者 （風元素）
權 杖 （火元素）	（火+風） 精力充沛、動力十足、熱情有勁，不怕麻煩也不怕失敗，認真的在學習。
聖 杯 （水元素）	（水+風） 靈感強，有藝術天份，喜歡美的事物，美感是天賦也是本能，愛學習、會創作、討人喜歡、聰明又有創意、跟人有很強的交流，不過可能多愁善感、情緒化，個性不穩定。

16 張宮廷人物牌筆記（11）

人物　　花色	侍　者（風元素）
寶　劍（風元素）	（風+風） 思考靈活、想法很多，學習速度快、好奇心強，敏捷、善觀察，口才好，但飄忽不定、不確定性高。
金　幣（土元素）	（土+風） 金牛座特質，從小就對金錢有興趣、善理財，也願意學習理財之道，很需要安全感與關注，不太穩定，必須加強學習與培養，才能成為大企業家。

附錄二
40 張小阿爾克那（小牌）筆記

　　塔羅牌 78 張牌卡，以小阿爾克那(小牌)牌組較簡單、易學，可以看圖說故事。再次強調，這不是一本教導塔羅占卜的書，此書的牌義僅是我個人的學習紀錄而已。

　　塔羅是心的訊息，占卜的結果，是被占卜者自己內心的決定，藉由牌卡具體呈現出來，會因問題、狀況、時間，以及被占卜者的「心」，出現牌卡，同一張牌，每個人解讀出來的訊息會有所不同。

　　然而，使用塔羅牌來占卜，並不是我學習的目的，我學習塔羅牌，是希望能藉由牌卡，去發現自己所面臨的問題，進而找到解決方

法，「自我療癒」才是我學習的目的。

22 張大阿爾克那牌組，喚出過去的我，讓我有機會以不同視角回顧過去，從中領悟、心存感恩。78 張塔羅牌，每張都很美、每張都是好牌、每張都藏有精彩的故事，等著自己去察覺。

40 張小牌筆記（1）

數字	對應大牌	關鍵字	數字說明
1	魔術師	開始	數字「1」基本上都是好事，跟開始、行動、創新之類的文字有關，一切事務的開始。
2	女祭司	選擇	看到數字「2」就往選擇題方向去想，選擇、衡量、評估、對立、猶豫之類的文字。另外還有孤單、不行動、處在消極等待狀態。

40 張小牌筆記（2）

數字	對應大牌	關鍵字	數字說明
3	皇后	合作發展	數字「3」隱含有第三者、往外發展、多人、團隊合作等之類的意思。從事件的進展來看，雖然事情還沒開始、也沒有行動，但已經有想法，處在一種積極等待的狀態，只要時機來到，立刻行動。
4	國王	停止	正向文字：穩定、守成。負面文字：停滯、保守、固執、沒行動力。

40 張小牌筆記（3）

數字	對應大牌	關鍵字	數字說明
5	教皇	轉變	數字「5」開始、轉變、改變、移動等之類。 喜歡變動的人：是一個轉捩點、一個契機，一個機會的來臨，跳脫、自由。 不喜歡變動的人：改變是一種潰散、破壞、打亂、衰敗、分散、失落、重組、失去、混亂等等之類。

40 張小牌筆記（4）

數字	對應大牌	含義	數字說明
6	戀人	過渡期偏安	數字「6」暫時安好，處在休息狀態，如果之前不好，看到數字 6，會有小轉機；之前好，看到數字 6，可以再好一段時間，重點在「暫時狀態」，不會持續太久。數字 6 還有分享的意思。
7	戰車	逢七有凶	數字「7」的能量有辛苦、有挑戰的意思，就是不會太順利，要有面對逆境的心裡準備。

40 張小牌筆記（5）

數字	對應大牌	含義	數字說明
8	力量	成長	數字「8」是大能量的爆發，不是小範圍，是一種爆發力、強大的力量、很大的成長，一種飛升狀態。
9	隱士	靜止	數字「9」完全的停止，失去熱情、孤獨、封閉等等之類。
10	命運之輪	完成	數字「10」圓滿狀態，最好的能量，使用正向文字去解釋：完成、圓滿、成功、富足、團圓等等。

40 張小牌筆記（6）

牌卡 1	**數字：1**
權杖 I	跟「行動」有關的「開始」。 很大的行動力、開創力、具體行動的開始。工作方面具有積極、開創、具體行動、有目標又有動力的能量。感情方面具有主動追求、熱情、身體力行、非要不可的能量。
聖杯 I	跟「人」有關的「開始」。 工作方面跟新同事相處的很好，和平又寧靜的氣圍，沒有鬥爭。感情方面是一段新感情的開始，單純又美好的關係，很滋潤，願意為對方付出，沒有新感情也會有桃花出現。

40 張小牌筆記（7）

牌卡 1	數字：1
寶劍 I	跟「想法」有關的「開始」。 新想法的開始，清楚知道自己的目標，等待時機來臨，立刻行動不會猶豫。工作方面具有新企劃、新創意、新合約的能量，工作方面是張好牌。感情方面愛能量較小，過度理智。
金幣 I	跟「錢財」有關的「開始」。 工作或事業出現金幣，是財富、工作機會、投資的開始，好的金錢契機、豐盛、新的財運能量來臨。感情方面是指務實、穩定有安全感的生活。

40 張小牌筆記（8）

牌卡 2	數字：2
權杖 II	跟「行動」的「選擇」有關。 已有成就，不安現狀，想再開創另一個局面，還在評估，已有想法但沒有實際行動。
聖杯 II	跟「人」的「選擇」有關。 小戀人牌。實質交流、正向交流、很好的溝通與平衡。工作方面是貴人牌、很有人緣，跟同事相處愉快。感情方面相處比較像朋友或知己，相互尊敬。

40 張小牌筆記（9）

牌卡 2	數字：2
寶劍 II	跟「想法」的「選擇」有關。 在二個想法、信念、價值之間權衡，未決定選那個，內心有衝突感存在。不管是工作或感情都有衝突存在，內在的衝突、選擇的障礙、盲目、看不清楚又有傷害存在。
金幣 II	跟「錢財」的「選擇」有關。 流動、轉化、不具行動力還在思考下一步。抉擇、決定、延遲的時刻。工作方面處在評估、選擇副業、選擇投資等等的狀態。錢財方面可掌握的很好。感情方面著重在財力方面。

40 張小牌筆記（10）

牌卡 3	數字：3
權杖 III	跟「行動」的「發展」有關。 擁有比別人更好的資源，還在原地等待機會，沒有實際行動。工作上有往海外發展的機會，事業或工作會再向上發展或向外擴展，有成為領導者的機會。在感情方向會有旅行的機會，隱含有第三者、外遇或出軌的可能性(因問題而定)。
聖杯 III	跟「人」的「發展」有關。 在工作上有團隊同心、協力合作、和平、互相尊重，事業擴展或成長的能量，工作上是張好牌。單身者有機會從團體活動、聚會等，人多的社交活動中找到對象。隱含有第三者、外遇或出軌的可能性。

40 張小牌筆記（11）

牌卡 3	數字：3
寶劍 III	跟「想法」的「發展」有關。 心碎牌。挫敗、傷害、傷心、心碎、悲傷、第三者、感情不佳等，看到這張牌就使用負面文字，搭配其他牌卡，也許會有轉機出現。
金幣 III	跟「錢財」的「發展」有關。 在工作上有與他人合作創造財富的能量，合作不是只有單一種技術，是指與各行各業的專業人士或各種技術的整合等，在工作上是張好牌。單身者，有機會在各種社交場合（工作、團體、活動等）遇到合適的對象，已婚者，則有夫妻相互合作，共同創造財富的能量。

40 張小牌筆記（12）

牌卡 4	數字：4
權杖 IV	跟「行動」的「停止」有關。 工作上處於穩定狀態，有穩定的成果，正在享受成果，也可能處在沒有變化，沒有發展，安穩的狀態。感情處於穩定期，可能有想結婚，安居樂業，喜樂又溫馨的狀態。
聖杯 IV	跟「人」的「停止」有關。 白日夢牌。工作上可能處於茫然、恍神、找不到方向或對工作有不切實際的幻想，無法專心的狀態。感情上也是心不在焉、不交流、不關心，愛已停止的狀態。

40 張小牌筆記（13）

牌卡 4	數字：4
寶劍 IV	跟「想法」的「停止」有關。 停止牌或休息牌。看到這張牌就往停止、休息、沉思、休養、潛沉、沉寂、沉默這個方向去想，不管在工作或感情都是無發展、無行動力，暫時休息是最好的建議。
金幣 IV	跟「錢財」的「停止」有關。 守財奴牌。保守、不變動、守成，不適合創業、創新、創意、投資等高風險或變動大的工作。感情上保守、無情趣，但生活穩定、有安全感、衣食無缺。個性可能會有孤單感，不喜歡與人接近，喜歡離群索居。也有愛財傾向，有錢才有安全感，對錢很敏感，節儉不會亂花錢。

40 張小牌筆記（14）

牌卡 5	**數字：5**
權杖 V	跟「行動」的「轉變」有關。 這張牌動能很強，使用的文字有：衝突、爭執、變動、改變、無法和諧、火爆、口角、混亂、兩敗俱傷等等。在工作有跟平輩或實力相當的人競爭、衝突、爭鬥的能量，可能會持續一段時間，不易達成協議。感情上也是爭執、口角、吵架、衝突。人的特質傾向急性子、硬脾氣、個人主義重，不易妥協的個性。
聖杯 V	跟「人」的「轉變」有關。 悲傷牌。看到這張牌就往悲傷、失去，破敗、哀悼、傷心、巨變等負面文字去想。這張牌可以給的建議是勇敢面對，不要想失去的，要想自己還擁有的，自己所擁有的絕對比想像中的多。

40 張小牌筆記（15）

牌卡5	數字：5
寶劍 V	跟「想法」的「轉變」有關。 「贏了也無用，看似勝利其實失去的更多」。用這段文字自行造句。暫時性的勝利而已，贏了也無法帶來好能量，工作上是混亂、衝突、鬥爭，贏了事業，失去情誼。在感情上也是吵架、爭執、吵贏了，但也分手了。
金幣 V	跟「錢財」的「轉變」有關。 貧窮牌。這是一張低能量的牌卡，使用的文字：破敗、破滅、低落、孤獨、無安全感、無方向、無機會等等。 在工作有失敗、破產、倒閉、找不到方向、沒有機會。在感情會因錢問題發生口角、有金錢困境。面對這張負能量的牌，可以給的建議是換位思考，不要鑽牛角尖，尋找其他機會或方向，就有可能突破困境。

40 張小牌筆記（16）

牌卡 6	數字：6
權杖 VI	「行動」的「過渡期（偏安）」。 「平安，暫時成功」不管在工作或感情都可用類似字眼。工作：能從眾多對手中脫穎而出，取得勝利，勝利之後呢？未知。感情：比對手優秀，可以追到人，追到之後呢？未知。未知部分要從其他牌卡判斷。
聖杯 VI	「人」的「過渡期（偏安）」。 童年牌。很溫暖的牌卡，可以用的文字：撫慰、慰藉、溫暖、溫柔等，也跟舊有人事物有關，老同學、老鄰居、兒時玩伴、前任、初戀、家鄉、傳統產業等之類。工作上：可以在傳統領域或傳統產業得到發揮，或得到貴人(長輩或晚輩，不是平輩)的相助。感情上：跟舊人有關，跟前任復合、遇到初戀情人、遇到老同學、老鄰居等等。

40 張小牌筆記（17）

牌卡 6	數字：6
寶劍 VI	「想法」的「過渡期（偏安）」。 看到這張牌，不管在工作或感情都是療傷期、過渡期，不要急慢慢來，好好療傷、好好休養，休息好了再出發，準備好了再說。
金幣 VI	「錢財」的「過渡期（偏安）」。 給予牌。問財運，這張牌是指小錢，夠用而已。問工作，這張牌指謙卑認清自己的能力，才能迎來富足。感情上有漸入佳境的能量。

40 張小牌筆記（18）

牌卡 7	**數字：7**
權杖 VII	行動有凶。 很火爆的牌卡，1 支權杖對上 7 支權杖，孤軍奮戰，很辛苦，但也表示能力強，有自信、有勇氣面對挑戰。
聖杯 VII	人有凶。 心理狀態的牌。不管是工作、感情或任何事，都是用想的，想很多，幻想不切實際的事，不行動。工作上沒有行動力。感情上單戀居多，一廂情願的幻想。面對這張牌，能給的建議是，實際的行動，積極主動，才能將幻想轉為真實。

40 張小牌筆記（19）

牌卡 7	數字：7
寶劍 VII	想法有凶。 欺騙牌。看到這張牌就往謊言、不坦誠、不真誠、算計、欺騙、心計、心機重方向去思考。
金幣 VII	錢財有凶。 這是一張辛苦的牌卡，不過還好有付出就會有收獲，一分耕耘就有一分收穫。工作上沒有偏財運、不能靠投資致富，只要好好的工作，有工作就會有錢財。感情上也一樣辛苦的付出，努力的追求，殷勤的付出，但不一定能得到回報。

40 張小牌筆記（20）

牌卡 8	數字：8
權杖 VIII	跟「行動」的「成長」有關。 這是一張快速的牌卡，使用的文字：迅速、快速、直接命中目標，想要的結果立刻顯現。工作上目標清楚、有勇氣、行動快速、立即得到成果，好牌。感情上喜歡自由自在的發展，也有海外發展的可能性。
聖杯 VIII	跟「人」的「成長」有關。 追尋內在更高理想，找尋更遠大的目標。工作上有新目標、新方向，可能會離開原單位，往更好的地方發展。感情已到一個階段，思考接下來該往那個方向走去。

40 張小牌筆記（21）

牌卡 8	**數字：8**
寶劍 VIII	跟「想法」的「成長」有關。 這是一張困住的牌卡,原本的傷害擴大,被過往的傷害或想法困住,無法解脫,看不到未來,只能困在原地,孤獨又無助。不管工作或感情都被困住,困住自己的不是別人,是自己過往的經歷或傷害,只有自己能解開自己身上的繩索。
金幣 VIII	跟「錢財」的「成長」有關。 專業技術牌。一張跟工作與事業很有關係的牌,工作上屬於好牌,有專業技術、很專精又能開展,自己就可以打造出金錢。感情上因為重心都在工作與事業,努力打造金錢,比較不重視生活情趣、相處較冷淡,但物質生活很好。

40 張小牌筆記（22）

牌卡 9	數字：9
權杖 IX	跟「行動」的「靜止」有關。 工作、感情或其他事務，都暫時沉潛、停止行動、孤獨、內省、評估、保守（靜止）。不適合轉換工作，暫停、先評估，準備好再說。感情方面，被困在前段感情中，無法走出、放不下過往，內心孤獨，建議內省，自我療傷後再談。
聖杯 IX	跟「人」的「靜止」有關。 後面九個聖杯，成功、豐足、擁有很多東西、成就高、願望成真等正面能量。前方的人，自信且愉快，坐在那掌控一切。

40 張小牌筆記（23）

牌卡 9	數字：9
寶劍 IX	跟「想法」的「靜止」有關。 惡夢牌或夢魘牌。一朝被蛇咬，十年怕草繩，傷害重覆上演，無法停止。唯有勇敢面對，正視自己內心，才有機會從惡夢中甦醒。
金幣 IX	跟「錢財」的「靜止」有關。 富足牌。物質生活很豐盛，很有錢，事業上的強者，財力雄厚，工作能力強，能分享也能資助他人，安穩又享樂的階段。也有可能只能獨享，無人可分享，會有孤獨感、心靈空虛與匱乏、渴望愛，用錢買愛。

40 張小牌筆記（24）

牌卡 10	**數字：10**
權杖 X	跟「行動」的「完成」有關。 有 10 支權杖在身上，不重才怪，壓力很大的牌卡，重擔在身上，身體非常的累。工作壓力很大、無法休息、又不願意放下，容易過勞。感情上要跟很多人競爭。已婚者，家庭負擔很重、奔波、勞碌、須要付出很多心力。
聖杯 X	跟「人」的「完成」有關。 幸福牌，吉祥牌。很好的牌卡，正向的文字都可以用，不只在物質層面也包含精神、靈性、愛與關係上的圓滿。工作順利圓滿，感情圓滿，可成家立業、懷孕生子，充滿愛等等。

40 張小牌筆記（25）

牌卡 10	數字：10
寶劍 X	跟「想法」的「完成」有關。 結束牌。傷害的完成，已經無可挽回，無法再承擔、無法再繼續，結束了。之前的種種已死，準備重生，進入下一階段。工作上可能已經離職或準備離職，準備轉換工作；感情上可能剛分手或準備分手。
金幣 X	跟「錢財」的「完成」有關。 內心牌。內心的富裕、富足、豐盛，跟實際擁有多少財富無關。這張牌卡跟家庭比較有關，可成家立業，內心感到滿足，昇華到內心層面的滿足感與歡樂感。工作上也有很大的發展局面。

國家圖書館出版品預行編目資料

塔羅雞湯：與大阿爾克那的對話／陳玉萍著. —
初版.—臺中市：白象文化事業有限公司，2024. 02
　　面；　公分
　ISBN 978-626-364-185-3（平裝）

　1. CST：占卜

292.96　　　　　　　　　　　112018346

塔羅雞湯：與大阿爾克那的對話

作　　　者　陳玉萍
校　　　對　陳玉萍
發 行 人　張輝潭
出版發行　白象文化事業有限公司
　　　　　　412台中市大里區科技路1號8樓之2（台中軟體園區）
　　　　　　出版專線：（04）2496-5995　　傳真：（04）2496-9901
　　　　　　401台中市東區和平街228巷44號（經銷部）
　　　　　　購書專線：（04）2220-8589　　傳真：（04）2220-8505
專案主編　李婕
出版編印　林榮威、陳逸儒、黃麗穎、水邊、陳媁婷、李婕、林金郎
設計創意　張禮南、何佳誼
經紀企劃　張輝潭、徐錦淳、林尉儒
經銷推廣　李莉吟、莊博亞、劉育姍、林政泓
行銷宣傳　黃姿虹、沈若瑜
營運管理　曾千熏、羅禎琳
印　　　刷　百通科技股份有限公司
初版一刷　2024 年 2 月
定　　　價　250 元

白象文化　印書小舖　出版 · 經銷 · 宣傳 · 設計
www·ElephantWhite·com·tw　PRESSSTORE
f 自費出版的領導者　購書 白象文化生活館